Reinhard Appel

WIR vom Jahrgang 1927

Kindheit und Jugend

Wartberg Verlag

Impressum

Bildnachweis:

Archiv Helmut Blecher: S. 5, 7, 9, 16 u., 19, 20, 33 l.; Spielzeugmuseum Alsfeld, Foto H. Blecher: S. 8 u.; Privatarchiv Reinhard Appel: S. 11, 12, 14, 18, 22 o., 22 u., 24, 25 o., 27, 28, 29, 30, 31, 40 u, 41, 42, 43 o./u., 44, 45 o./u., 47 o./u., 48, 51 u., 52 o./u., 53 o./u., 54 l./r., 55, 56 o./u., 58, 60, 61, 63 u.; Bundesarchiv, Bild 183-J01181/Schwahn: S. 32; Quelle unbekannt: S. 37; Jacob Weiler, Bad Hönningen: S. 62;
ullstein bild – ullstein bild. S: 4, 10, 15, 16 o., 17, 26, 34, 49, 51; ullstein bild – XAMAX: S. 6 o.; ullstein bild – Breuel-Bild: S. 6 u.; ullstein bild – Kurt Huebschmann: S. 8 o.; ullstein bild – Roger Viollet: S. 23; ullstein bild – Atelier Binder: S. 25 u.; ullstein bild – Gerhard Riebicke: S. 33 r.; ullstein bild – Süddeutsche Zeitung Photo: S. 38; ullstein bild – Süddeutsche Zeitung Photo / Scherl: S. 40 o.; ullstein bild – AKG: S. 63 o.

Wir danken allen Lizenzträgern für die freundliche Abdruckgenehmigung. In Fällen, in denen es nicht gelang, Rechtsinhaber an Abbildungen zu ermitteln, bleiben Honoraransprüche gewahrt.

7., überarbeitete Neuauflage 2016

Gestaltung und Satz: r2 | Ravenstein, Verden
Druck: Druck- und Verlagshaus Thiele & Schwarz GmbH, Kassel
Buchbinderische Verarbeitung: Buchbinderei S. R. Büge, Celle

34281 Gudensberg-Gleichen • Im Wiesental 1
Telefon: 056 03/9 30 50 • www.wartberg-verlag.de
ISBN: 978-3-8313-3027-0

Vorwort

Liebe 27er!

In den ersten 18 Jahren unseres Lebens, von 1927 bis 1945, wurden wir Zeitzeugen eines schlimmen und dramatischen Zeitabschnitts: In der Weimarer Republik geboren, 1933 zu Hitlers „Machtergreifung" eingeschult, sind wir Männer am Ende des Zweiten Weltkrieges als Soldat und die Frauen zum Kriegsdienst verpflichtet worden. Zwölf Jahre braune Diktatur, Bombenkrieg, Gefangenschaft und Hungerjahre haben uns geprägt und uns eine harte Kindheit und Jugend beschert. Sie haben uns aber auch befähigt, die Lehren aus der nationalsozialistischen Vergangenheit zu ziehen und unseren Beitrag für den Aufbau einer demokratischen Gesellschaft zu leisten. Der Erfolg der Bonner Republik ist auch unser Erfolg, und die Wiedervereinigung wurde politisch und wirtschaftlich von Menschen unseres Jahrgangs mitgestaltet. Und wir bleiben weiter tatendurstig!

Natürlich werden unsere Schritte langsamer. Der Ehrgeiz, andere zu überholen, ist reduziert. Das Bedürfnis nach Ruhe wächst. Aber unsere Neugier auf die Weiterentwicklung der Gesellschaft, des Staates und unserer Familien bleibt wach. Ein „Hoch" auf den Jahrgang 1927.

Reinhard Appel

Reinhard Appel

1927–1929

Das Ende der „goldenen“ Zwanziger

Der Kindersegen war groß in unserem Geburtsjahr – 1927 wurden über eine Million Jungen und Mädchen in Deutschland geboren

Geboren in Zeiten der Not

Wir Kinder des Jahrgangs 1927 wurden meistens per Hausgeburt in eine Welt geboren, in der Arbeitslosigkeit, Inflation und Armut herrschten. Oft waren wir nicht das erste Kind oder blieben es nicht. Vier Geschwister und mehr waren für uns keine Seltenheit. Die Ernährungssituation war in den meisten Familien schwierig. Unsere Väter kämpften um den Unterhalt und unsere Mütter mussten aus dem Wenigen, was es gab, die Familie ernähren. Wir wurden möglichst lange gestillt, denn was hätte man uns sonst geben sollen. Der spätere Brei wurde meist aus selbst angebautem Gemüse gekocht. Was uns aber natürlich gut bekommen ist.

Politisch kündigten sich in dieser Zeit in Deutschland revolutionäre Entwicklungen an. Adolf Hitler hielt seine erste Rede in Berlin und Goebbels' Auftreten

Chronik

10. Januar 1927
Uraufführung des bislang aufwendigsten Filmspektakels der UFA: „Metropolis“ von Fritz Lang.

20. März 1927
Charles Lindbergh überquert allein den Atlantik im Nonstop-Flug.

1. Juni 1927
Einweihung des Hindenburgdamms zwischen dem Festland und Sylt.

29. Juni 1927
Außenminister Stresemann erhält in Oslo den Friedensnobelpreis.

25. November 1927
Der elfjährige Yehudi Menuhin feiert erste Erfolge in New York.

4. April 1928
Max Schmeling wird deutscher Meister im Schwergewicht.

31. August 1928
Brechts Dreigroschenoper wird in Berlin uraufgeführt.

5. September 1928
Alexander Fleming entdeckt das Penizillin.

28. September 1928
Preußen hebt das Redeverbot für Hitler auf.

29. Januar 1929
Erich Maria Remarque veröffentlicht den Antikriegsroman „Im Westen nichts Neues“.

15. Februar 1929
Die Arbeitslosenzahl ist auf 3,2 Millionen gestiegen.

9. März 1929
Der Telefunkensender Berlin-Witzleben strahlt zum ersten Mal Fernsehbilder aus.

22. Juli 1929
Der Schnelldampfer „Bremen“ gewinnt das „Blaue Band“ für die schnellste Ozeanüberquerung.

8. Dezember 1929
Die Gemeindewahlen in Bayern bringen der NSDAP große Gewinne.

Obwohl oder gerade weil die wirtschaftlichen Verhältnisse eher ärmlich waren, blieben der Lebenshunger und das Bedürfnis nach Vergnügung groß

in der Hauptstadt führte zu ständigen Protesten und Krawallen. Reichspräsident Paul von Hindenburg beauftragte den Zentrums-Vorsitzenden Brüning mit der Regierungsbildung, die im Reichstag scheiterte, worauf Hindenburg zu Notverordnungen schritt.

Der deutsche Demokrat Gustav Stresemann erhielt zwar den Friedensnobelpreis, und die Franzosen zogen ihre Truppen aus dem Rheinland ab, aber die wirtschaftliche Entwicklung kam in Deutschland nicht in Schwung, die Arbeitslosigkeit war enorm: 5,3 Millionen Menschen waren erwerbslos. Bei den Reichstagswahlen konnte die NSDAP ihre Sitze im Reichstag von zwölf auf 107 erhöhen und Großindustrielle schlossen sich mit der NSDAP zur „Harzburger Front“ gegen die Demokratie zusammen. Die Arbeit im Reichstag begann mit einem Skandal, denn die Abgeordneten der NSDAP erschienen – die Würde des Hauses missachtend – allesamt in Uniform zur Sitzung.

Prominente 27er

In unserem Geburtsjahr 1927, das im großstädtischen Bürgertum zu den „goldenen zwanziger Jahren" zählt, haben bedeutende Persönlichkeiten das Licht der Welt erblickt:

12. Jan.	**Ignatz Bubis**, Vorsitzender des Zentralrates der Juden in Deutschland
1. März	**Harry Belafonte**, US-amerikanischer Sänger, Schauspieler, Entertainer und Bürgerrechtler
11. März	**Joachim Fuchsberger,** deutscher Schauspieler und Entertainer
15. März	**Hanns Joachim Friedrichs,** deutscher TV-Moderator
21. März	**Hans-Dietrich Genscher,** deutscher Politiker, Innenminister und Außenminister
24. März	**Martin Walser,** deutscher Schriftsteller, Literaturpreisträger
27. März	**Mstislaw L. Rostropowitsch,** russischer Cellist und Dirigent

Günter Grass

Gina Lollobrigida

28. März	**Marianne Fredriksson,** schwedische Schriftstellerin
16. April	**Papst Benedikt XVI.,** bürgerlich Joseph Alois Ratzinger
25. April	**Rosemarie Fendel,** deutsche Schauspielerin
4. Mai	**Trude Herr,** deutsche Schauspielerin
9. Mai	**Wim Thoelke,** deutscher Fernsehmoderator
23. Mai	**Dieter Hildebrandt,** deutscher Kabarettist
27. Juni	**Otto Herbert Hajek,** deutscher Maler, Bildhauer, Kunsthistoriker
4. Juli	**Gina Lollobrigida,** italienische Schauspielerin
29. Juli	**Harry Mulisch,** niederländischer Schriftsteller
23. Aug.	**Walter Giller,** deutscher Schauspieler
14. Okt.	**Roger Moore,** englischer Schauspieler
16. Okt.	**Günter Grass,** deutscher Schriftsteller, Maler und Bildhauer, Träger des Literaturnobelpreises
24. Dez.	**Angelika Schrobsdorff,** deutsche Schriftstellerin

Als Kleinkind ahnten wir gottlob nichts von den schwierigen Verhältnissen der Erwachsenenwelt der Weimarer Republik

Von der Wiege zum Laufstall

Wenn wir vom Jahrgang 1927 als Kinder der Weimarer Republik über unser Geburtsjahr nachdenken, müssen wir mit großem Respekt vor den Leistungen und Opfern unserer Eltern für unser Wohlergehen reden. In schwieriger Zeit und unsicheren Verhältnissen uns in die Welt zu setzen oder uns gewollt oder ungewollt zu akzeptieren, erforderte Mut und Opferbereitschaft, denn die Zukunftsaussichten waren nicht rosig. Die Folgen des verlorenen Ersten Weltkrieges blieben weitgehend spürbar. Natürlich waren die Lebensläufe in unserem Jahrgang unterschiedlich: Meine Familie war stolz, aus dem zwischen Deutschland und Polen geteilten Oberschlesien in die Reichshauptstadt umgesiedelt zu sein. Königshütte, in dem ich geboren wurde, war durch den Versailler Vertrag zur Beendigung des Ersten Weltkrieges und durch eine manipulierte Volksabstimmung – indem man die polnische Landbevölkerung in den Abstimmungsbezirk mit einbezog – polnisch geworden. Die Grenzstadt Beuthen blieb deutsch. Wir siedelten nach Berlin um. Mein Vater empfand es als großes Glück, Hausmeister für zwei Spandauer Schulen geworden zu sein, was durch Vermittlung eines Verwandten und durch eine Vorschrift, Arbeitssuchenden aus dem polnischen Oberschlesien behilflich zu sein, möglich geworden war.

Mit ein paar Bauklötzen konnte man uns glücklich machen

Unsere ersten Spielsachen

Viele Spielsachen besaßen wir Kleinkinder nicht, dafür fehlte in den meisten Familien das nötige Geld. Wer einen Teddybären, eine richtige Puppe oder ein Schaukelpferd besaß, war schon König. Bauklötze schnitzte uns der Vater oder Großvater selber, die Großmutter nähte uns aus Stoffresten eine Puppe. Zum dritten Geburtstag gab es vielleicht ein richtiges Auto oder eine Bakelit-Puppe mit Gelenken. Aber wir waren auch so zufrieden, wir spielten mit dem wenigen, was vorhanden war, wir kannten ja auch nichts anderes. Es wurde in den Familien auch viel gesungen, gereimt, musiziert und Geschichten wurden erzählt.

Die Großfamilie

Wir verlebten eine glückliche Kindheit. Familienfeste wurden mit Verwandten gefeiert, so dass Einsamkeit nicht aufkam. Onkel, Tanten und Großtanten kümmerten sich um uns. Mit unseren Cousins und Cousinen waren wir eng verbunden. So war es damals allgemein üblich. Der Familienzusammenhalt war sehr stark.

Die nationale Prägung vieler Eltern, so auch meiner, insbesondere meines Vaters, der als Soldat im Ersten Weltkrieg war und bei Feierlichkeiten stolz sein „Eisernes Kreuz“ trug, führte dazu, dass man uns schon als Kleinkindern einen

Kinderreichtum, auch wenn er schwierig zu bewältigen war, stärkte den Familienzusammenhalt

Stahlhelm aufsetzte, eine Pistole in die Hand drückte und uns mit Kriegsspielzeug beschenkte. Wahrscheinlich wurde durch diese Maskerade bei vielen von uns Buben schon der heimliche Wunsch ausgeprägt, eines Tages ein tapferer Soldat zu werden.

Schwarzer Freitag, Zeppelinflüge und erste Fernsehbilder

Die späten 20er Jahre sind von Höhepunkten und Tiefpunkten geprägt: Kurseinbrüche an der Börse signalisieren eine Weltwirtschaftskrise, die das labile Deutschland empfindlich trifft. Die Adam-Opel-Werke werden an General Motors verkauft. Währenddessen überfliegt Lindbergh mit der „Spirit of St. Louis" im Nonstop-Flug den Atlantik und das Luftschiff Graf Zeppelin, 1928 in Friedrichshafen getauft, überfliegt für den regelmäßigen Verkehr den Atlantik. Die Insel Sylt kann man über den neuen Hindenburgdamm mit der Eisenbahn und dem Auto erreichen. In der Eifel wird der Nürburgring eröffnet, in Stuttgart das 74 Meter hohe Turmhaus eingeweiht; aus Berlin werden erstmals Fernsehbilder gesendet.

1930–1932

Die Zeichen stehen auf Sturm

Ein Roller war damals ein Luxus, den sich längst nicht alle Familien leisten konnten

Fangen, Verstecken und Klingelstreiche

In den meisten Familien waren die Wohnverhältnisse sehr beengt, so war es ganz normal, dass wir mit drei, vier, fünf Jahren – unter der Aufsicht unserer größeren Geschwister – meistens draußen spielten. Beliebt waren Murmel- und Hüpfspiele, Fangen und Verstecken, Rollenspiele. Wir kannten etliche Abzählreime und Geschicklichkeitsspiele. Ärger gab's bei unseren Klingelstreichen und wenn wir mit unseren selbst gebastelten Zwillen wieder einmal „versehentlich" in die Nähe der Nachbarin gerieten.

Chronik

7. März 1930
Mahatma Gandhi beginnt in Indien seinen Feldzug der Gehorsamsverweigerung.

1. April 1930
Premiere des Spielfilms „Der blaue Engel“ von Josef von Steinberg mit Marlene Dietrich.

30. April 1930
Die durch das Versailler Abkommen erfolgte Besetzung des Rheinlandes wird vertraglich beendet. Belgien und England ziehen sich innerhalb von drei Monaten zurück und die Franzosen räumen ihre Zone einige Monate später.

12. Juni 1930
Max Schmeling wird Boxweltmeister im Schwergewicht.

10. Januar 1931
Der sowjetische Volkskommissar Molotow kündigt eine 50-prozentige Kollektivierung der Landwirtschaft an.

1. Mai 1931
Das Empire State Building in New York wird mit 381 Metern das bis dato höchste Gebäude der Welt.

10. Oktober 1931
Reichspräsident von Hindenburg empfängt erstmals Adolf Hitler und Hermann Göring zu politischen Gesprächen.

10. Dezember 1931
Drei Deutschen – Carl Bosch, Friedrich Bergius (Chemie) und Otto Warburg (Medizin) – wird der Nobelpreis verliehen.

27. Februar 1932
Hitler (geb. in Österreich) wird Deutscher und von der NSDAP für das Reichspräsidentenamt nominiert.

10. April 1932
Hindenburg wird mit absoluter Mehrheit zum Reichspräsidenten gewählt.

12. Mai 1932
Die durch den Zusammenbruch der New Yorker Börse ausgelöste Weltwirtschaftskrise erreicht ihren vorläufigen Höhepunkt. Die Folge sind u. a. mehr als sechs Millionen Arbeitslose (44%) allein in Deutschland.

Geschwister im Alltagsschick

Flickenmode und Sonntagsgarnitur

Die Kleiderfrage für uns Kinder war in den 30er-Jahren sehr einfach: Während der Woche tobten wir in unserer Alltagsbekleidung herum, bestehend aus Schürzenkleidchen, Dreiviertelhosen und Strickpullis. Im Winter trugen wir unter den Schürzen und Hosen langärmlige Unterhemden und – das

Das Familienfoto mit der Botschaft:
Seht her, uns geht es prächtig!

war das Schlimmste – lange Wollkniestrümpfe, die von einem Leibchen mit Gummibändern gehalten wurden. Am Sonntag wurde die gute Garnitur herausgeholt. Sie bestand für die Mädchen aus einem meist weißen Kleid mit Schürze und dem so genannten „Propeller“ – einer großen Schleife – auf dem Kopf. Die Jungen wurden vorzugsweise in Matrosenanzüge oder in einen dunkelblauen, eng anliegenden Bleyleanzug gesteckt. Dazu feste braune Schnürschuhe für Jungen wie Mädchen. Meist waren unser Kleidungsstücke Erbstücke von den größeren Geschwistern und sie wurden auch an die jüngeren noch weitergegeben. So manches Stück war aus Erwachsenenkleidung umgearbeitet, mehrfach geflickt oder angestrickt, denn darin waren unsere Mütter und Großmütter Meisterinnen. Uns interessierte das wenig, wenn nur die Wollstrümpfe und Pullis nicht so gekratzt hätten. Die Alltagsbekleidung war uns natürlich viel lieber als die Sonntagsgarnitur, denn in der durfte man nicht toben, sie hatte ordentlich und sauber zu bleiben.

Angst vor den Kommunisten

Erste Erinnerungen an die frühen 30er-Jahre sind in meinem Gedächtnis haften geblieben. Ich bekam schon mit, dass die öffentlichen Verhältnisse von großen Unruhen begleitet waren.

Mein Vater war Schulhausmeister und im Keller der Schule lag unsere Wohnung, in die wir auch durch einen Hintereingang gelangen konnten. Der Vordereingang wurde in der Regel nach dem Schulunterricht abgeschlossen. Ein großes Eisentor mit 1,80 Meter hohen Stahlstiften erschwerte den Zugang.

Deshalb versuchten Rowdies immer wieder, durch den Hintereingang, an dem unsere Wohnung lag, in die Schule zu gelangen. Weil mein Vater über diese Tür niemanden einließ, trommelten sie mit Händen und Füßen dagegen. Noch heute kann ich meine damalige Angst nachempfinden. Mein Vater sagte stets: „Das sind die Kommunisten, die wollen die Schulräume für ihre Demonstrationen nutzen." Wenn die Situation zu dramatisch wurde, rief mein Vater die Polizei.

Kommunisten, so hatte man es uns eingeimpft, sind Revolutionäre, die den Staat umstülpen wollten, und Atheisten, die Gott leugnen und damit unberechenbar seien. Für viele, so auch meinen Vater als Beamten, ein unerträglicher Gedanke.

Nationalsozialisten auf dem Vormarsch

Zu Beginn der 30er-Jahre ist der Nationalsozialismus schon auf dem Vormarsch. Bei den Wahlen im November 1932 wird die NSDAP mit 194 Sitzen stärkste Fraktion im Reichstag. Hermann Göring, der Vertreter Hitlers, wird Reichstagspräsident. Reichspräsident von Hindenburg beauftragt nach dem Scheitern der Regierung Brüning Franz von Papen vom rechten Flügel des Zentrums mit der Regierungsbildung. Von Papen hebt das Verbot der marodierenden SA (Sturmabteilung) und der SS (Schutzstaffel) auf und erkauft sich dadurch die Toleranz für seine Regierung. Hindenburg empfängt in jenen Tagen erstmals Adolf Hitler, der gewissermaßen „salonfähig" geworden ist. Nachdem von Papens Kabinett gescheitert ist, übernimmt Kurt von Schleicher die Regierung. Aber auch seine Amtszeit, von Intrigen begleitet, ist nicht von Dauer.

Hitler wird Reichskanzler

Ich erinnere mich, dass mein Vater für von Papen eine gewisse Sympathie empfand, weil er wie Brüning zum katholischen Zentrum gehörte. Auch mein Vater war Zentrums-Mann; aber ich glaube nicht, dass er – ebenso wenig wie die meisten anderen Deutschen – die Machenschaften von Papens, dieses

Steigbügelhalters für Hitler, durchschaute. Etwa, dass von Papen bereits Geheimgespräche mit Hitler geführt hatte, die schließlich nach der Übergangsregierung Kurt von Schleichers dazu führten, dass Reichspräsident von Hindenburg Adolf Hitler am 30. Januar 1933 zum Reichskanzler ernannte. Damit wurde der Weimarer Republik der Todesstoß versetzt, denn angesichts der bekannten politischen Planungen der NSDAP war klar, dass Hitler die parlamentarische Demokratie abschaffen und durch das Führerprinzip ersetzen würde. Aber die Gefahr war für uns noch nicht real. Dass Max Schmeling Boxweltmeister wurde, interessierte uns mehr als die Politik.

Unsere Mütter waren Heldinnen

Mit vier oder fünf Jahren wurde uns schon bewusst, welche Helden unsere Mütter waren: Tag um Tag für die Mahlzeiten sorgen, die Schularbeiten der älteren Geschwister beaufsichtigen, die Wäsche von Hand waschen und bügeln und wenn Besuch kam, Gastfreundschaft praktizieren. Auf dem Land kamen noch die Arbeit auf dem Feld und die Versorgung des Viehs dazu. Mir ist heute schleierhaft, wie unsere Mütter die Arbeit bewältigten und dennoch nie ein klagendes Wort von sich gegeben haben – auch nicht, wenn noch weitere Geschwister hinzukamen. Allein, wenn man sich an die Waschtage im Winter oder an Regentagen erinnert: Die Waschküche befand sich meistens im Keller, aber die

Mutterstolz oder stolz auf die Mutter?

Die Leistungen unserer Mütter, beispielsweise am Waschtag, bleiben bewunderungswürdig

Möglichkeit zum Trocknen der Wäsche war ein paar Stockwerke höher auf dem Dachboden. Die Mütter mussten die schweren Körbe voll nasser Wäsche die vielen Treppen hinauftragen. Beim Aufhängen konnten wir Kinder bald behilflich sein und auch beim Tragen des schweren Wäschekorbes wurden wir schon mit sechs Jahren zur Hilfe gerufen. Im Sommer war es etwas einfacher, da wurde die Wäsche auf langen Leinen hinterm Haus getrocknet oder auf einer Wiese gebleicht.

Schmeling wird Weltmeister

Am 12. Juni 1930 wird Max Schmeling Boxweltmeister im Kampf gegen den Amerikaner Jack Sharkey. Sharkey versetzt Schmeling in der vierten Runde einen Tiefschlag und der Deutsche geht zu Boden, aber der Schiedsrichter disqualifiziert den Amerikaner und erklärt Schmeling zum Weltmeister. Am 3. Juli 1931 verteidigt Schmeling seinen Titel erfolgreich durch einen K.o.-Sieg gegen Stribling in Cleveland/Ohio.

Fröhliche Familienfeste

Unsere Mütter ließen sich die Mühsal ihres Daseins nie anmerken. Sie schickten uns zum Einkaufen und leiteten uns ständig zum Sparen an, denn die meisten mussten in Zeiten der Weltwirtschaftskrise und hoher Arbeitslosigkeit mit sehr wenig Geld die Familie ernähren. Unsere Mütter gaben uns das Gefühl, stets für

Picknick am Waldrand – ein Sonntagsvergnügen der Großfamilie

uns da zu sein, aber gleichzeitig wurden wir mit Strenge erzogen und gelegentlich auch mit dem Stock gezüchtigt. Wahrscheinlich glaubten sie, die auch so erzogen worden waren, das sei normal und nötig.

Die Mütter organisierten Familienfeste, bei denen es stets fröhlich zuging. Im Sommer wurden Wanderausflüge in die waldreiche Umgebung unternommen, auf einer Lichtung oder Wiese wurde eine Decke ausgebreitet und gepicknickt. Wir Kinder spielten Ball, Fangen oder Verstecken und sammelten Blumen und Beeren. Wenn wir abends nach Hause kamen, waren wir zumeist erschöpft. Es war eine unbeschwerte Kindheit. Von einer Diktatur ahnten wir als Kinder noch nichts.

Wenn wir Geburtstag hatten, kam wieder die ganze Verwandtschaft zu Kaffee und Kuchen zusammen. Großeltern, Onkel, Tanten, Cousins und Cousinen beschenkten uns meist mit Essbarem, eine Banane oder gar eine Tafel Schokolade waren für uns dann schon das höchste der Gefühle. An unserem Ehrentag gab es auch schon mal Kakao und Plätzchen für uns Kinder.

Eine richtige Kindergeburtstagsfeier, zu der die Freunde aus der Nachbarschaft eingeladen wurden, konnten sich die meisten Familien nicht leisten. Es waren nicht das Geld, der Platz und die Zeit vorhanden. Und schließlich hatten wir ja noch Geschwister.

„Der blaue Engel“

In Berlin wird am 1. April 1930 die Premiere des Spielfilms „Der blaue Engel“ von Josef von Sternberg mit Marlene Dietrich und Emil Jannings gefeiert. Das Drehbuch zum Film schrieb Carl Zuckmayer in Anlehnung an Heinrich Manns Roman „Professor Unrat“. Der Film beschreibt, wie ein Lehrer an der Liebe zu einer Frau aus dem Varietémilieu zugrunde geht. Der Streifen erweist sich als Welterfolg. In diesem Film singt Marlene Dietrich ihr berühmtes Lied: „Ich bin von Kopf bis Fuß auf Liebe eingestellt.“ Die Rolle als Femme fatale ermöglicht ihr den Start zu einer weltweiten Karriere.

Marlene Dietrich als Lola-Lola in „Der blaue Engel“

1933-1936

Auf dem Weg ins „Dritte Reich“

Brav sitzen wir Erstklässler im Kreis der Mitschülerinnen und Mitschüler und blicken auf die Kameralinse

Einschulung im Jahr der Machtergreifung

Ausgestattet mit einer Schultüte, die unsere Mütter meist notdürftig gefüllt hatten mit Äpfeln, kleinen Leckereien und Wecken, einem Lederranzen mit Fibel, Schiefertafel, Griffelkasten und einem am Bindfaden baumelnden feuchten Schwämmchen, traten wir nach Ostern voller Ehrfurcht unseren ersten Schultag an. Die Klassen waren oft mit vierzig und mehr Schülern

Chronik

30. Januar 1933
Hindenburg ernennt Hitler zum Reichskanzler.

20. März 1933
In Dachau wird das erste Konzentrationslager der Nazizeit eingerichtet.

23. März 1933
Der Reichstag nimmt das Ermächtigungsgesetz an.

9. Februar 1934
In Deutschland wird eine halbjährige Arbeitsdienstpflicht für Abiturienten vor der Aufnahme des Studiums eingeführt.

25. Juli 1934
Bei einem Putschversuch der Nationalsozialisten wird der österreichische Bundeskanzler Dollfuß in Wien ermordet.

2. August 1934
Reichspräsident von Hindenburg stirbt im Alter von 86 Jahren. Die Reichswehr wird auf Adolf Hitler vereidigt. Hitler nennt sich fortan „Führer und Reichskanzler".

16. März 1935
Einführung der allgemeinen Wehrpflicht.

18. August 1935
Eheschließungen zwischen Ariern und Nichtariern durch Standesbeamte werden durch das Reichsgesetz verboten.

21. Dezember 1935
Kurt Tucholsky verübt Selbstmord aus Verzweiflung über die Naziherrschaft in Deutschland.

19. Juni 1936
Max Schmeling schlägt Joe Louis in New York in der 12. Runde k.o.

18. Juli 1936
In Spanien beginnt ein Bürgerkrieg zwischen putschenden Teilen der Armee unter General Franco und der Volksfrontregierung.

1. August 1936
In Berlin werden die ersten Olympischen Sommerspiele in Deutschland von Hitler eröffnet. Die Nationalsozialisten benutzen die Spiele zu propagandistischen Zwecken.

Der erste Schultag: stolzer Abc-Schütze mit Ranzen und Riesenbrezel

gefüllt. Unsere Lehrer und Lehrerinnen waren streng, Züchtigungen waren an der Tagesordnung.

Auf dem Lande waren die Zwergschulen noch verbreitet. Dort fand der Unterricht alters- und geschlechtsübergreifend für alle Schüler in einem Klassenraum statt. In den Städten war es dagegen schon verbreitet, Jungen und Mädchen in getrennten Klassen und später in getrennten Schulen zu unterrichten. Unsere Einschulung erlebte unser Jahrgang parallel zum Beginn des nationalsozialistischen Regimes, aber die damit verbundene Wende wurde uns als Schulanfänger nicht bewusst. Das Hitlerregime hatte sich noch nicht entfaltet und unsere Kinderwelt nicht direkt berührt. Allerdings weckten die Marschkolonnen der Hitlerjugend bereits unsere Neugierde.

Macht- und kraftlos, anfangs vielleicht sogar noch hoffnungsvoll, ließen der Weimarer Staat und unsere Eltern den Vormarsch der „Braunen" zu

Die SA beherrscht das Straßenbild

Überall spürte man, dass sich das öffentliche Leben veränderte. Die SA beherrschte das Straßenbild. Weil die NSDAP bei den Reichstagswahlen im März 1933 stärkste Partei wurde, die SPD nur noch 18 Prozent erhielt (die KP war schon verboten), konnte Hitler sich formal darauf berufen, legal an die Macht gekommen zu sein. Das geschundene, durch Massenarbeitslosigkeit verängstigte, lethargisch gestimmte Volk konnte damals wohl die Folgen der verheerenden Gefolgschaft für Hitler nicht erkennen. Und die Nationalsozialisten nutzten ihre Macht. So genannte „undeutsche" Bücher wurden verbrannt.

Weil wir in der Schule wohnten, bekamen wir die „Säuberungsaktion" hautnah mit, denn in jenen Tagen waren die Papierkörbe in den Klassenzimmern voll mit verbotenen Büchern. Mein sechs Jahre älterer Bruder kannte sich im Schrifttum bereits aus und rettete manches literarische Kleinod für unsere Hausbibliothek.

Der Röhm-Putsch

Politisch festigen die Nationalsozialisten in dieser Zeit ihr Regime auch innerparteilich, denn Hitler übt bittere Rache an seinem früheren Weggefährten, dem Reichsminister und Stabschef der SA, Ernst Röhm, der mit Parteifreunden angeblich einen Umsturz geplant haben soll. Tatsächlich werden die Gerüchte, ein Putsch stünde bevor, von der SS selber geschürt. Dem Blutbad vom 30. Juni 1934, bei dem SA-Stabschef Ernst Röhm verhaftet und ermordet wird, fallen insgesamt 74 Menschen zum Opfer, 200 Oppositionelle werden im Folgenden Opfer des so genannten „Röhm-Putsches". Die Tatsache, dass Hitler Röhm zusammen mit weiteren Parteigenossen wegen angeblicher Homosexualität ohne Gerichtsverfahren von der SS erschießen lässt, wird zum Tagesgespräch und gibt eine Vorahnung von der Skrupellosigkeit des Regimes.

Die Zeichen stehen auf Sturm

Nach dem Sonntagsgottesdienst standen meine beiden älteren Geschwister in der Regel mit Freunden aus der „Bündischen Jugend“ zusammen und plauderten über die Vorkommnisse der Woche. Ich redete zwar noch nicht mit, hörte aber schon aufmerksam zu, wenn sie etwa darüber sprachen, dass dieser oder jener aus unserem Bund „Neu-Deutschland“ (ND) von Hitlerjungen zusammengeschlagen worden war und dass jetzt Konzentrationslager für Regimegegner eingerichtet wurden. Der Wandel der Zeit war deutlich zu spüren, aber die Unterzeichnung des lange verhandelten Reichskonkordats (1933) zwischen dem Deutschen Reich und dem Vatikan verschaffte dem Hitlerregime anfangs sowohl internationales Renommee als auch bei den deutschen Katholiken ein positiv freundliches Echo. Und tatsächlich waren die offiziellen Reaktionen der katholischen Kirche auf die Machtergreifung Hitlers und den Beginn seiner Regierung eine geraume Zeit eher zurückhaltend. Es ist deshalb auch nicht verwunderlich, dass bei der Wahl im November 1933 die NSDAP 92,2 Prozent der Stimmen erhielt. Viele bürgerlich gesonnene Deutsche hatten offenbar ihre Skepsis vorübergehend ad acta gelegt – und haben später dafür bitter gebüßt.

Für mich ist diese Zeit in der Erinnerung ambivalent, ich erlebte die ersten Auseinandersetzungen zwischen Katholiken, Protestanten und Freikirchlern. Hitler hatte mit dem Reichskonkordat, also dem Vertrag zwischen dem Deutschen Reich und dem Vatikan u. a. zugestanden, dass es in Deutschland weiter Bekenntnisschulen geben darf. Mein Vater war Schulhausmeister einer freien und einer protestantischen Schule geworden, als Katholik musste ich jedoch in eine entfernt gelegene katholische Schule am Rande der Stadt gehen. Das hat mir zwar nichts ausgemacht, aber mir wurde bewusst, dass ich in Berlin zu einer religiösen Minderheit gehörte.

Straßenkämpfe mit Fußbällen und Knüppeln

Der Beginn unserer Schulzeit war für unseren Jahrgang auch der Auftakt zu einem stärkeren Gemeinschaftsgefühl, sowohl in der Schulklasse als auch auf der Straße. Sobald der Unterricht beendet war, traf man sich auf der Straße mit

Straßenfußballer in Aktion

Freunden. Strenge Eltern achteten freilich darauf, dass zuerst die Schulaufgaben erledigt wurden. Auf der Straße organisierten wir dann Spiele. Wir Jungen bildeten in der Regel Mannschaften und spielten Fußball. Aber es kam auch vor, dass wir uns mit Knüppeln bewaffneten und Straßenkämpfe austrugen. Sieger war jeweils die Mannschaft, die den Gegner in die Häuser trieb und die Straße beherrschte. Meist kämpfte eine Straße gegen eine andere. Mal siegte die eine, mal die andere. Die Mädchen beschäftigten sich meist mit „friedlicheren" Spielen wie Hinkekästchen, Mutter-Kind-Spielen, Murmeln, für das auch wir Jungen uns begeistern konnten.

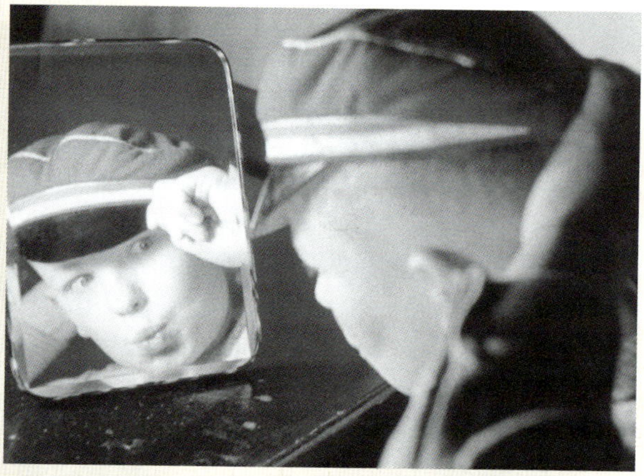

Hauptsache verwegen, auch um den Mädchen zu imponieren

Hindenburgs Tod nutzt Hitler zur Alleinherrschaft

Der Tod des Reichspräsidenten von Hindenburg am 2. August 1934 löste bei vielen Menschen, so auch bei meinen Eltern, Anteil nehmende Trauer aus, weil damit auch Erinnerungen an den Ersten Weltkrieg verknüpft waren. Immer wenn Verwandte zu Besuch kamen, tauschten die älteren Herren Geschichten von der Front aus. Hitler ließ übrigens nach dem Tod Hindenburgs das Präsidentenamt mit seiner Funktion als Reichskanzler zusammenlegen und sich diese Fusion in einer Volksabstimmung bestätigen. Fortan besaß er die angestrebte Alleinherrschaft und ließ sich mit „Führer und Reichskanzler" anreden. Dass Hitler 1935 die allgemeine Wehrpflicht wieder einführte und sich rühmte, gegen die Bestimmungen des Versailler Vertrags Deutschland aufzurüsten und 36 Divisionen aufzustellen, brachte ihm bei der Weltkriegsgeneration (die meisten unserer Väter waren 1914 bis 1918 Soldaten gewesen) eher Sympathie ein als Kopfschütteln. „Hitler macht das richtig", hieß es.

Mit Wachen und Schildern sollten Deutsche davon abgehalten werden, in jüdischen Geschäften einzukaufen

Brutaler Antisemitismus

Viele Deutsche haben darüber hinweggesehen, dass Hitler auch rücksichtslos seine Ideologien und rassistischen Ziele verfolgte. Bereits 1933 war unter der Parole „Deutsche! Wehrt Euch! Kauft nicht bei Juden!" zu einem Boykott jüdischer Geschäfte, Ärzte und Rechtsanwälte aufgerufen worden. Mit den Durchführungsbestimmungen der „Nürnberger Rassengesetze" (1935) wurde die Ächtung der Juden festgelegt und sie verloren ihre politischen Rechte.

Die Eheschließung sowie der außereheliche Geschlechtsverkehr zwischen Juden und Nicht-Juden galten als Rassenschande und wurden verboten („Gesetz zum Schutze des deutschen Blutes und der deutschen Ehre"). Juden konnten keine Reichsbürger sein und verloren ihr Stimmrecht („Reichsbürgergesetz"). Jüdische Beamte mussten ihren Dienst quittieren und jüdische Ärzte und Anwälte verloren ihre Zulassung. Beide „Nürnberger Gesetze" stempelten jüdische Mitbürger zu Menschen minderen Rechts.

Darüber wurde auch in vielen Familien gesprochen. Meine Mutter ließ sich, wie manch andere auch, nicht davon abhalten, in jüdischen Geschäften einzukaufen. Die meisten Bürger jedoch waren eingeschüchtert und befolgten die Gesetze und Verbote des Regimes.

Einmarsch in das Rheinland

Als Adolf Hitler am 7. März 1936 die Wehrmacht zur „Herstellung der Souveränität" in die entmilitarisierte Zone des Rheinlandes einmarschieren lässt, stößt er auf allgemeine Zustimmung beim deutschen Volk, weil damit die Versailler Diktatbestimmungen um ein weiteres Stück revidiert werden. Wieder heißt es: „Hitler macht das richtig". Das Ausland protestiert zwar, aber wie sicher sich der Reichskanzler der Unterstützung durch das Volk ist, bestätigt ihm die darauf folgende Wahl. Wegen der internationalen Proteste hat Hitler den Reichstag aufgelöst und Neuwahlen ausschreiben lassen. Die Wähler dürfen nur mit „ja" oder „nein" stimmen. 99 Prozent stimmen mit „ja" und damit für Hitler.

Großer Jubel wird bei vielen Deutschen bereits ein Jahr zuvor durch die Volksabstimmung der Saarbevölkerung am 13. Januar 1935 ausgelöst, bei der sich über 90 Prozent der Stimmberechtigten für den Anschluss des Saarlandes an Deutschland entscheiden und damit den Versailler Vertrag auch in diesem Punkt revidieren.

Versteckspiel und Fahnenhissen

Wir Kinder spielten meistens zu mehreren draußen auf der Straße oder auf dem Schulhof. Das Versteckspiel liebten Jungen wie Mädchen gleichermaßen und spielten es auch gerne zusammen. Ein besonderer Anreiz war für uns das Versteckspiel in der

Geschwister und Nachbarskinder trafen sich zum Spiel auf der Straße

Schule, in der mein Vater Hausmeister war, wobei die Aula im vierten Stock eine gruselige Anziehungskraft ausübte, weil in einer Ecke ein mannshohes grauweißes und in ein schwarzes Tuch gehülltes Menschengerippe stand.

Wenn Flaggenhissen angeordnet war, musste mein Vater die Hakenkreuzfahne am stählernen Mast hochziehen. Dabei hatte ich ihn einmal beobachtet und deshalb kannte ich den Weg und wusste, wie sich die Dachluke öffnen ließ. Wenn ich alleine war, bin ich oft über das Bodengeschoss auf das Dach gestiegen, um die Aussicht über die Stadt zu genießen. Noch heute erinnere ich mich deutlich an das Klappern der Fahnenschnur, wenn der Wind sie an dem metallenen Mast hin und her bewegte. Ein Geräusch, das bestimmt vielen von uns noch im Ohr ist, denn die Hakenkreuzflaggen mussten immer häufiger gehisst werden.

Vertieft in die Welt der Bücher

Karl May und die Groschenromane

Wenn das Wetter oder andere Umstände das Spielen auf der Straße nicht zuließen, hockten wir zu Hause und bastelten oder lasen Bücher. Beliebt waren natürlich die Karl-May-Romane. Wir liebten auch die Groschenromanreihe „John Kling“, von der es zig Ausgaben gab, die wir untereinander tauschten. So wie John Kling wollten wir Jungen auch sein: Stark, fair, klug. Auch die Mädchen hatten ihre Idole, so zum Beispiel „Gisela und Ursel", eine Schneiderbuch-Serie von Margarete Haller, „Nesthäkchen" von Else Ury oder Magda Trotts „Goldköpfchen", ebenso „Heidi" von Johanna Spyri. Der Renner waren auch Tier- und Naturbücher, zum Beispiel die Försterhaus-Serie von Erich Kloss.

Gummi, Käfer und Autobahnen

Die Tatsache, dass die Deutschen sich nicht massiv gegen die Diktatur Hitlers auflehnen, hat freilich auch mit Hitlers wirtschaftlichen Erfolgen in dieser Zeit zu tun. Beispielsweise mit dem Bau des sofort populären Volkswagens ab 1937, der damals „Kraft-durch-Freude-Wagen" (KdF-Wagen) genannt wird. Vorerst bleibt dieses Auto ein Propagandaschlager, denn vorrangig werden in Wolfsburg Kübelwagen für den Kriegseinsatz produziert.

Auch der forcierte Bau neuer Autobahnen wird als nationales Aufbruchssignal empfunden. Im März 1934 teilt Hitler mit, dass an 22 Baustellen 15 000 Arbeiter in einem Arbeitsbeschaffungsprogramm am Autobahnbau beteiligt seien. Zudem gehört die erfolgreiche Forschung der IG-Farben zur Herstellung synthetischen Kautschuks, der die Haltbarkeit von Naturgummi übertrifft, in die Reihe der Erfolge, die Hitler für sich verbucht.

Olympia unterm Hakenkreuz

Im Februar 1936 eröffnete Hitler die Olympischen Winterspiele in Garmisch-Partenkirchen. Sie endeten mit großen deutschen Erfolgen. Jeden Abend saß unsere Familie um den „Volksempfänger" versammelt und erfreute sich an den Siegen. Deutschland gewann insgesamt drei Gold- und drei Silbermedaillen. Besonders populär war das Eiskunstlaufpaar Ernst Baier und Maxie Herber.

Mit ängstlicher Spannung werden die Sportnachrichten im Radio verfolgt

Chirstl Cranz erreichte bei der Kombination aus Abfahrt und Slalom ebenfalls die Goldmedaille. In aller Munde war aber auch die norwegische Eiskunstläuferin Sonja Henie, die nach zehn Weltmeisterschaften zum dritten Mal die Goldmedaille gewann.

Lebhafte Erinnerungen habe ich noch an die olympischen Sommerspiele im August 1936. Ich hatte einen begüterten Onkel, der für alle 16 Tage Eintrittskarten gekauft hatte. Wenn er keine Lust hatte hinzugehen oder verhindert war, versorgte er meinen Bruder und mich mit Einlasstickets. So erlebte ich u. a. den äußerst spannenden Weitsprungwettbewerb, den Jesse Owens mit der Weltrekordweite von 8,06 Metern gewann. Der Deutsche Lutz Long schaffte überraschend mit 7,87 Metern die Silbermedaille.

In der Bilanz gewann Deutschland 33 goldene, 26 silberne und 30 bronzene Medaillen und schnitt damit vor den USA als beste Sportnation ab. Der Superstar der Spiele aber war für viele der Farbige Jesse Owens, der innerhalb von sechs Tagen viermal Gold gewann. Hitler, der sonst die Sieger zu sich auf die „Führertribüne" bat, verweigerte Jesse Owens den Händedruck und erwies sich damit als kleinkarierter Rassist und schlechter Gastgeber. Dafür wurde Jesse Owens von den deutschen Zuschauern umso begeisterter bejubelt.

Erstmals wurden die friedlichen Weltspiele von politischen Ideologien überschattet. Dennoch begeisterten die perfekt organisierten Spiele viele Menschen im In- und Ausland. Das Ansehen Adolf Hitlers wurde dadurch in Deutschland und auch im Ausland gestärkt. Die Weltpresse berichtete weitgehend positiv von dem Sportereignis. „Hitlers Olympische Spiele" waren jedoch nicht unpolitisch und wurden zu propagandistischen Zwecken genutzt. Beim Einmarsch der Mannschaften im Berliner Olympiastadion stand Hitler mit erhobenem Arm auf der Ehrentribüne und wurde von zahlreichen internationalen Teilnehmern mit erhobenem rechten Arm gegrüßt. Wie schon zuvor bei den Winterspielen in Garmisch-Partenkirchen verschwanden zwar judenfeindliche Parolen aus dem öffentlichen Leben, jüdische Sportler aber durften nicht an den olympischen Wettbewerben teilnehmen.

1937-1940

Kriegsvorbereitungen und **Kriegsausbruch**

Das Aufsatzheft noch in Sütterlinschrift

Eine harte Schulzeit

Nach vier Jahren Volksschule konnten wir mit zehn Jahren auf die Mittelschule wechseln oder unseren Volksschulabschluss nach weiteren drei bis vier Jahren anstreben. Die Schulzeit dauerte für viele von uns nur sieben bis acht Jahre. Meist war die schulische Laufbahn bestimmt vom Einkommen und der sozialen Herkunft. Viele Familien konnten sich Schulgeld und Lehrmaterial nicht leisten. So hatten sich die Kinder zu beeilen und schnell in einen Beruf einzutreten. Auf das Gymnasium wechselten nur sehr wenige Schüler und Schülerinnen.

Chronik

26. April 1937
Die Legion Condor zerstört die spanische Stadt Guernica.

6. Mai 1937
Das größte Luftschiff der Welt, die Hindenburg, explodiert in Lakehurst/USA. 36 Menschen sterben.

19. Juli 1937
Eröffnung der Ausstellung „Entartete Kunst“ in München. Zu den verfemten Künstlern gehören u. a. Emil Nolde, Otto Dix, Paul Klee und Marc Chagall.

12. März 1938
Die deutsche Wehrmacht marschiert in Österreich ein. Das Reich heißt fortan: Großdeutschland.

9. November 1938
Marodierende SA-Trupps zerstören jüdische Geschäftshäuser und Synagogen („Reichskristallnacht“). Tausende Juden werden zusammengetrieben und ins KZ gebracht.

22. Dezember 1938
Otto Hahn gibt die Möglichkeit bekannt, Atome zu spalten und daraus Energie zu gewinnen.

1. September 1939
Beginn des Zweiten Weltkrieges durch einen von den Nazis inszenierten Überfall auf den Sender Gleiwitz.

3. September 1939
Die Westmächte Großbritannien und Frankreich erklären dem Deutschen Reich den Krieg.

8. November 1939
Ein Sprengstoffattentat auf Hitler nach seiner Rede im Bürgerbräukeller in München ist fehlgeschlagen.

9. April 1940
Deutsche Truppen landen ohne Kriegserklärung in Dänemark und Norwegen.

10. Mai 1940
Einmarsch deutscher Truppen in Belgien, den Niederlanden und Luxemburg.

14. Juni 1940
Beginn der deutschen Offensive gegen die französische Maginot-Linie. Zwei Tage später bittet die Regierung Pétain um Waffenstillstand, der am 22. Juni in Compiègne unterzeichnet wird.

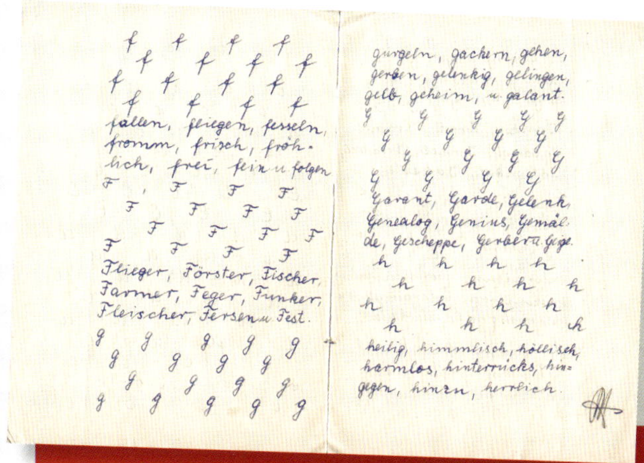

Die „Deutsche Normalschrift“ löste die Sütterlin ab, wir mussten sie seitenweise – oft auch als Strafarbeit – üben

Die Schulausbildung war straff organisiert. Weit verbreitet war nach wie vor die Prügelstrafe mit Rohrstock oder bloßer Hand und die Sitzordnung in der Klasse spiegelte unseren Leistungsstand in der Klasse wider.

Kalte Winter, heiße Sommer

Die Winter waren in unserer Kindheit und Jugend meistens sehr kalt und schneereich, und so gehörten ein meist betagter hölzerner Schlitten oder ein Paar verrostete Schlittschuhe zu jedermanns Ausstattung. Kein Hügel und keine gefrorene Eisfläche waren dann vor uns sicher.

Im Sommer nutzten wir jede Möglichkeit zum Baden und Schwimmen. Meistens suchten wir Bäder an Flüssen

Egal ob Badeanstalt, Fluss oder See, Hauptsache Wasser

und Seen auf. In den Städten gab es zudem Volksbadeanstalten, die manch einer auch zur Körperreinigung aufsuchte, denn ein Bad in der Wohnung war kein Standard. Der Eintritt kostete fünf Pfennige. Das Schwimmen lernten wir von alleine. Mit Händen und Füßen strampelnd wehrten wir uns möglichst lange gegen das Untergehen. So konnten wir uns bald über Wasser halten.

Hitler, Mussolini und wir Pimpfe

Aus dem Jahr 1937 ist uns Berliner Hitlerjungen der Besuch Benito Mussolinis in der Hauptstadt in bleibender Erinnerung. Ich war inzwischen, wie viele meiner Altersgenossen, in der Hitlerjugend ein Pimpf des „Jungvolks" geworden und unser Fähnlein wurde von Spandau nach Berlin zur Prachtstraße Unter den Linden geschickt, um den italienischen Regierungschef gebührend zu begrüßen. Noch heute habe ich die rhythmischen Rufe – es war schon mehr ein Gebrüll – „Duce – Hitler, Duce – Hitler, Duce – Hitler" im Ohr. Mussolini, der zusammen mit Hitler im offenen Wagen an uns vorbeifuhr, mag die Rufe als begeisterte Zustimmung für seinen Besuch und als Übereinstimmung mit dem Regime empfunden haben, während es für uns nicht nur, aber auch gedankenlose Freude am Gemeinschaftserlebnis, ja auch ein Schuss Jokus damit verbunden war, etwa nach dem Motto, welches Jungvolk-Fähnlein am lautesten schreien konnte.

Bei einem späteren, ähnlichen Vorgang anlässlich einer Feier der Hitlerjugend im Olympiastadion bin ich Hitler persönlich auf einer Distanz von fünf Metern begegnet. Er stand im Auto und ich lief mutterseelenallein über den Vorplatz des Stadions, weil ich wegen „ungebührlichen Benehmens" während der Veranstaltung vorzeitig weggeschickt worden war. Ich nahm erschrocken stramme Haltung an und hob den rechten Arm zum zackigen Hitlergruß, und er grüßte aus dem geöffneten Fahrzeug mit lässiger Armbewegung zurück. Mein „ungebührliches Benehmen" hatte darin bestanden, dass ich mehrmals, ohne auf den Inhalt der Rede Hitlers zu achten, „Heil"-Rufe losbrüllte und damit die anderen im Stadion mitzog, ohne abzuwarten, bis er seine Sätze zu Ende gesprochen hatte. Heute würde man sagen, ich löste eine La-Ola-Welle aus. Mich reizte der Scherz, und ich war erstaunt, welche Wirkung ich dadurch auslösen konnte.

Mit 10 zu den Pimpfen ...

Unser Jahrgang konnte mit zehn Jahren Pimpf in der nationalsozialistischen Jugendorganisation werden, die unter dem Sammelbegriff Hitlerjugend (HJ) firmierte. Zur HJ gehörte das Jungvolk – Knaben vom zehnten bis 14. Lebensjahr – und die Hitlerjugend vom 14. bis 18. Lebensjahr; die Jungmädel vom zehnten bis 14. und der Bund Deutscher Mädel (BDM) für das Alter von 14 bis 18. Selbst Eltern, denen die ganze Hitlerbewegung zuwider war, sträubten sich nicht, wenn ihre Jungen oder Mädchen mit zehn Jahren ins Jungvolk oder zu den Jungmädeln strebten. In der HJ wurde viel gesungen, allerdings vorwiegend Marschlieder, und es wurden Geländespiele gemacht. Wenn wir lauthals

Stramm stehen, Hände an die Hosennaht und auf die Befehle achten – das wurde geübt, für später

schmetterten: „... denn heute gehört uns Deutschland und morgen die ganze Welt!“, waren wir uns der Arroganz dieses Textes nicht bewusst. Wichtig war für uns die Uniform, neben dem Schulterriemen vor allem das Koppelschloss. Diese Uniformierung war bereits eine Anleihe an die Soldatenkleidung, und das war sehr wohl bedacht. Aber die meisten von uns merkten es nicht und hatten nicht das geringste Misstrauen gegenüber der bewussten indirekten Kriegsvorbereitung.

Mittwochs und samstags war in der Regel Treffen des Jungvolks in Uniform. Die Schulen mussten darauf Rücksicht nehmen und durften keine Aufgaben für den nächsten Tag aufgeben, was uns natürlich freute. Der Jungvolkdienst, zu dem wir uns trafen, bestand meist aus Marschieren, Singen und Geländespielen. Dass die Geländespiele im Grunde eine spielerische, verdeckte Form der vormilitärischen Ausbildung waren, ist uns damals weder aufgegangen noch von Erwachsenen vermittelt worden. Bei den Geländespielen mit einer angreifenden und einer verteidigenden Partei kam es vor allem darauf an, am Schluss zu den Siegern zu gehören. Und um Sieger zu werden, strengte man sich natürlich an und dachte sich gegebenenfalls listenreiche Tricks aus, um den Gegner zu täuschen.

... oder Jungmädeln

Auch viele Mädchen im Alter von zehn bis 14 Jahren waren erpicht darauf, Jungmädel zu werden. Die Möglichkeit, mit Gleichaltrigen bei Heimabenden zusammenzukommen, zu spielen, zu singen, zu wandern und dabei das Gemeinschaftsgefühl zu erleben, stärkte auch das Selbstwertgefühl der Mädchen. Der Dienst ermöglichte den Mädchen zudem, das häusliche Umfeld und die häuslichen Pflichten zu verlassen und gegen die Pflichten im Jungmädeldienst einzutauschen. Es fanden wöchentlich Heimabende und Sportnach-

Auch bei den BDM-Mädeln stand die körperliche Ertüchtigung obenan ...

... ebenso wie Gesundheits- und Körperpflege

mittage statt, es gab Lagerfahrten, Feierstunden und Sportfeste waren Höhepunkte bei den Jungmädel. Die körperliche Ertüchtigung zur Vorbereitung auf eine spätere gesunde Schwangerschaft und gesunde Kinder stand im Vordergrund der Jungmädelausbildung.

Mit Stolz trugen auch die meisten Jungmädel ihre Uniform, bestehend aus einem dunkelblauen Rock mit Gürtel und einer weißen Bluse mit schwarzem Halstuch.

„Ich kaufe, wo ich will!"

1938, im letzten Friedensjahr vor dem Zweiten Weltkrieg, gab es mehrere spektakuläre Ereignisse, die in der Reichshauptstadt ganz besonders intensiv wahrgenommen wurden. Es war für Hitler ein außerordentliches Erfolgsjahr, denn außer dem Anschluss Österreichs erzwang er auch den Einmarsch ins Sudetenland und dessen Einbeziehung in das Deutsche Reich. Wir mussten wieder jubeln. Die deutschen Truppen wurden im Sudetenland wiederum mit lauten „Heil"-Rufen begrüßt und der Jubel im ganzen Land übertönte die Schreie der Gefolterten in den KZs, von denen viele Deutsche, trotz eindeutiger Hinweise, nichts hören wollten.

In diesem Zusammenhang möchte ich unseren Müttern ein kleines Denkmal setzen. Meine Mutter ging in dieser Zeit einmal mit mir auf den Spandauer Markt und wollte, wie immer, bei einem Milch- und Käsestand einkaufen, bei dem sie lange Kundin war. Aber vor dem Stand dieses – offenbar jüdischen – Händlers hatten sich SA-Leute postiert und trugen ein Schild, etwa mit dem Wortlaut: „Eine deutsche Frau kauft nicht bei Juden." Ich konnte schon lesen und die Uniformierten flößten mir den Respekt ein, den man mir vor Staatsautoritäten anerzogen hatte. Aber dann passierte etwas, was mir heute noch Tränen der Bewunderung in die Augen treibt: Meine Mutter, mit mir an der Hand, schob den SA-Mann zur Seite und sagte mit ruhiger und fester Stimme: „Ich kaufe, wo ich will", und erzwang auf diese Weise einen persönlichen Durchbruch des beabsichtigten Boykotts und kaufte ein, was sie sich vorgenommen hatte. Mit beiden Händen hielt ich mich ängstlich am Arm meiner Mutter fest. Mich hat ihr mutiges Handeln ein Leben lang begleitet und mir Orientierung gegeben.

In der „Reichskristallnacht" wurden jüdische Geschäfte beschmiert und zerstört und die Juden auf primitivste Weise diskriminiert

Erinnerungen an die „Reichskristallnacht"

Sehr bewusst habe ich 1938 im November die „Reichskristallnacht" bzw. den Morgen danach erlebt. In der ersten Stunde des Schulunterrichts schämten sich einige Schüler nicht, stolz ihre Eroberungen aus zertrümmerten Geschäften vorzuzeigen, und der Lehrer mit dem Parteiabzeichen der NSDAP am Revers reagierte darauf leider nicht in einem rechtsstaatlichen Sinne! Meine Vorstellungen von Recht und Unrecht bekamen einen Knacks. Wie konnte man sich beispielsweise damit brüsten, dass man aus dem zertrümmerten Schaufenster eines Juweliergeschäftes Armbanduhren mitgehen ließ? Nirgendwo in unserer Umgebung war erkennbarer Protest zu hören. Im Elternhaus wurde über die Plünderungen möglichst geschwiegen. Nur mein sechs Jahre älterer Bruder, mit dem ich das Zimmer teilte, sagte nachdenklich: „Das könnte sich eines Tages bitter rächen."

„Reichskristallnacht" und Verfolgung der Juden

Weil der 17-jährige Herschel Grünspan aus Verzweiflung über die Judenverfolgung in Deutschland den Gesandtschaftsrat Ernst vom Rath in der deutschen Botschaft in Paris erschießt, löst Adolf Hitler mit einer Hetzrede ein Judenpogrom aus, das mit vielen Toten unter den Juden, mit der Vernichtung von Warenhäusern, Geschäften und mehr als 100 Synagogen als so genannte „Reichskristallnacht" endet. Über 10 000 Juden werden in den Konzentrationslagern Buchenwald, Dachau und Sachsenhausen eingesperrt.

Nach der „Reichskristallnacht" werden die Zwangsmaßnahmen gegen jüdische Mitbürger weiter verschärft. Der Besuch von Kinos, Theatern, Konzerten und Kunstausstellungen war ihnen schon zuvor untersagt gewesen. Ihnen wird der Führerschein entzogen, Kindern der Besuch deutscher Schulen untersagt und es gibt neue Berufsverbote. Ärzte und Apotheker verlieren ihre Zulassung. Das Ziel ist, ihre Auswanderung zu erreichen, damit Deutschland judenfrei werden kann. Unter der Leitung von SD-Chef Reinhard Heydrich wird eine Reichszentrale zur Förderung der jüdischen Auswanderung gegründet. Allerdings kann nur derjenige das Land schnell und ohne Schwierigkeiten verlassen, der sein Vermögen dem Reich überlässt oder von Glaubensbrüdern aus dem Ausland mit harten Devisen losgekauft wird.

Ängstliche Begegnungen mit Juden

Beschämende Erinnerungen werden wach, wenn ich daran zurückdenke, wie gleichgültig die Erwachsenen damals hingenommen haben, dass jüdische Mitbürger mit einem an der Kleidung sichtbar aufgenähten gelben Judenstern herumlaufen mussten.

In meiner Heimat begegnete ich täglich jüdischen Landsleuten. Als 14- bis 15-Jähriger verdiente ich mir Taschengeld, indem ich u. a. morgens vor der Schule für unseren Bäcker Brötchen austrug. Zu den Kunden zählte auch eine jüdische Arztfamilie. Wenn ich an der Wohnungstüre klingelte, wurde diese erst einen kleinen Spalt weit geöffnet, weil man sich durch einen kontrollierenden Blick vergewissern wollte, wer draußen vor der Türe stand. Mir bleibt unvergesslich, in welch ängstliche Augen ich jeweils blickte, wenn sich die Wohnungstür öffnete und ich der Hausfrau den Brötchenbeutel überreichte. Meine Eltern unterstützten diese Botengänge in das jüdische Haus, und mein Vater hatte auch eine vaterländische Begründung parat, wenn er achtungsvoll darauf hinwies, dass der Herr Doktor, ebenso wie er, ein tapferer deutscher Soldat gewesen war, der am Ersten Weltkrieg teilgenommen hatte und für seine Tapferkeit vor dem Feind mit dem Eisernen Kreuz ausgezeichnet worden war.

Sport und Politik

Als Heranwachsende interessierten viele von uns sportliche Höchstleistungen mehr als die Politik. Dass Rudolf Harbig einen neuen Weltrekord über 800 Meter lief (1:46:6), Rudolf Caracciola zum fünften Mal den Großen Preis auf dem Nürburgring gewann oder die deutsche Weitspringerin Christel Schulz als erste Frau die sechs Meter übersprang (6,12 m), begeisterte uns mehr als alles andere. Allerdings nahm das Ereignis des Hitler-Stalin-Paktes, am 23. August

Wenn man jung ist, möchte man zu den Älteren gehören, mit der Pfeife kann man zumindest den Anschein erwecken, als ob...

1939 in Moskau von Reichsaußenminister von Ribbentrop und Molotow unterzeichnet, in einer Mischung von Irritation und Bewunderung auch für uns den Stellenwert einer historischen Zäsur ein. Jahrelang hatte man uns den russischen Bolschewismus als ein übles, menschenverachtendes System dargestellt und plötzlich sollten wir deren Führer als stabilisierende Friedensgaranten anerkennen. Aber staatstragend, wie wir erzogen waren, nahmen wir das alles in einer dumpfen Gemeinschaftsorientierung als genialen Schachzug hin.

Der Zweite Weltkrieg bricht aus

Am Morgen des 1. September 1939 marschieren deutsche Truppen – ein Täuschungsmanöver der SS in Gleiwitz war vorausgegangen – in Polen ein. Zuvor hatte die Hitler-Regierung die Rückgabe der nach dem Versailler Vertrag abgetretenen Ostgebiete gefordert. Am 17. September marschiert die „Rote Armee" in Ostpolen ein. Am 27. September kapituliert Warschau vor den deutschen Truppen, der so genannte Blitzkrieg gegen Polen ist damit beendet.

Zwangsbewirtschaftung und Sammeln für die Volksgemeinschaft

Mit dem Beginn des Krieges im September 1939 wurde in Deutschland durch ein Kriegswirtschaftsgesetz die Zwangsbewirtschaftung eingeführt. Es gab Lebensmittelmarken und Kleiderkarten. Brot, Fett und Fleisch, Kartoffeln, Mehl, Milch und Butter wurden nur noch gegen Marken abgegeben. Die zugestandenen Rationen waren nicht üppig, aber wir mussten auch nicht gerade sehr hungern.

Gültig vom 10. 3. bis 6. 4. 1941 21
Reichsbrotkarte B
Landkreis Karlsruhe
Name:
Wohnort:
Straße:

Die Reichsbrotkarte legte fest, wie viel Brot einem zustand

Als im Bombenkrieg auch die Stoff- und Kleiderfabriken zerstört waren, wurde zur Kleidersammlung aufgerufen und wir „Pimpfe" gingen fleißig von Haus zu Haus

Unser gesamter Konsum war stark eingeschränkt. Kleiderkarten rationierten den Bezug an Kleidung und Schuhwerk. Doch auch sie waren für einen normalen Verschleiß ausreichend. Die Verteilung, so schien es, war gerecht und ließ die Menschen trotz der Entbehrungen vieles hinnehmen, auch das NS-Regime.

Wir Jugendlichen wurden in den Vorkriegs- und Kriegsjahren zum Sammeln von wieder verwertbaren Materialien wie Metall, Stanniol, Stoffresten, Papier sowie von Geldspenden eingespannt. Gesammelt wurde für die „Volksgemeinschaft", z. B. zugunsten des Winterhilfswerks, des Luftschutzes, verschiedener NS-Institutionen etc. Spender erhielten für ihre Spendenbereitschaft Anstecker. Und es empfahl sich, diese auch zu tragen, um sich als „Spender" auszuweisen, denn das Spenden war zur sozialen Verpflichtung geworden.

Bombenattentat auf Adolf Hitler

Bevor die Todesserie zu Beginn des Zweiten Weltkrieges uns erschütterte und auch apathisch machte, hielt uns im November 1939 eine Nachricht in Atem. Auf Adolf Hitler war im Bürgerbräukeller Münchens, wo er die nationalsozialistische Bewegung einst gegründet hatte, nach einer Feierstunde mit einer „Führer-Rede" ein Bombenattentat verübt worden, das zwar Tote und Verletzte zur Folge hatte, aber gegen Hitler fehlschlug, weil er den Saal bereits verlassen hatte.

Natürlich war das Attentat tagelang Gesprächsthema. Ich weiß nicht mehr im Detail, welche Gedanken mich als Zwölfjährigen bewegten, aber die allgemeine Stimmungslage in unserer christlich geprägten Familie war: Hitler ist zwar ein Anti-Christ, der auch Klöster schließen lässt, aber im Krieg, an dem auch Verwandte und Freunde teilnehmen müssen, hat die Nation zusammenzuhalten und darf nicht durch einen Bruderkampf geschwächt werden.

Siegreiche Truppen und erste Luftangriffe

Unsere vaterländische Gesinnung erhielt damals kräftigen Auftrieb durch die erfolgreichen Besetzungen in Europa durch die deutsche Wehrmacht. Oft wurde 1940 das Rundfunkprogramm unterbrochen, um in Sondermeldungen, die durch Fanfaren eingeleitet wurden, einen „Sieg“ nach dem anderen zu verkünden. Einmärsche deutscher Truppen in Dänemark, nach Kampfhandlungen auch in Norwegen, in Belgien, den Niederlanden und in Luxemburg und, nachdem das britische Expeditionskorps von Dünkirchen über den Ärmelkanal nach England geflüchtet war, auch in Frankreich.

Hitler triumphierte in Paris vor dem Eiffelturm und in Berlin im Reichstag, und wir Pimpfe bildeten wieder einmal Spalier auf der Ost-West-Achse für die siegreich heimkehrenden Truppen. Gleichzeitig erlebten wir erstmals Luftangriffe auf unsere Heimat Berlin durch britische Bomber. Auch in anderen Großstädten fielen die ersten Bomben und nahmen Menschen das Zuhause, Hab und Gut oder sogar das Leben.

Über Reichsmarschall Göring, der einmal großkotzig gesagt hatte, wenn feindliche Flugzeuge es schaffen sollten, Deutschland anzugreifen, wolle er „Meier“ heißen, machte man sich zwar lustig, denn die Bombenangriffe nahmen zu, aber die vaterländische Gesinnung hat das bei vielen Menschen zunächst nicht beeinflusst.

In abgedunkelten Wohnungen und Luftschutzkellern

Mit dem Beginn des Bombenkrieges wurde der Ausbau der Kellergeschosse zu „Luftschutzkellern“ angeordnet. In der Regel wurden Stahlträger zur Verstärkung eingebaut, Fenster zugemauert und die Keller mit Notausgängen versehen, sodass man gegebenenfalls eine Zeitlang überleben konnte. Die Keller mussten

Erstaunlicherweise hat die Bevölkerung die Bombennächte fast stoisch ertragen

ausgestattet sein mit Sauerstoffpumpen. Bänke und Feldbetten wurden bereitgestellt. Notapotheken, Trinkwasserbehälter und Frischluftpumpen gehörten ebenso zur Grundausstattung wie Feuerpatschen und Löscheimer.

Bereits seit Mitte der 30er Jahre wurden regelmäßig Luftschutzübungen in Vorbereitung auf einen Bombenkrieg durchgeführt. Selbstschutz im Luftschutz lautete die Devise.

Eine Verordnung zur Verdunkelung schrieb vor, Fenster mit eigens vorgesehenen Jalousien zu versehen, die keinen Lichtschein nach außen dringen ließen. Mit Einbruch der Dämmerung saßen wir also in völlig abgedunkelten Räumen. Die Straßen waren stockfinster, Straßenlaternen wurden nicht mehr eingeschaltet. Wer sich draußen bewegte, musste phosphoreszierende Leuchtplaketten tragen, um gesehen zu werden.

In die Kinderlandverschickung

Vermehrte Luftangriffe ab 1940 auf Berlin und andere deutsche Städte veranlassten die politische Führung zum Schutz der nachfolgenden Generation Kinder-Landverschickungs-Lager (KLV-Lager) in ländlichen Gebieten einzurichten. Von der KLV betroffen waren im Laufe des Krieges sechs Millionen Mädchen und Jungen. Sonderzüge wurden eingesetzt, um uns in Pflegefamilien oder in eines der 10 000 eigens eingerichteten Lager zu bringen. Die Unterbringung erfolgte in Schlössern, Höfen und Kasernen. Viele lange Monate konnte die Landverschickung dauern.

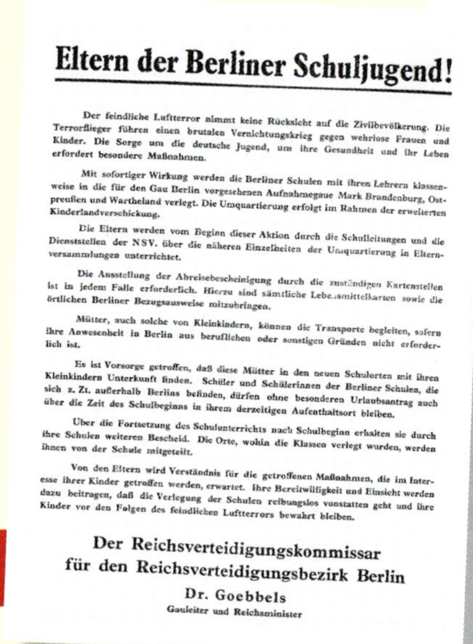

Eltern der Berliner Schuljugend!

Der feindliche Luftterror nimmt keine Rücksicht auf die Zivilbevölkerung. Die Terrorflieger führen einen brutalen Vernichtungskrieg gegen wehrlose Frauen und Kinder. Die Sorge um die deutsche Jugend, um ihre Gesundheit und ihr Leben erfordert besondere Maßnahmen.

Mit sofortiger Wirkung werden die Berliner Schulen mit ihren Lehrern klassenweise in die für den Gau Berlin vorgesehenen Aufnahmegaue Mark Brandenburg, Ostpreußen und Wartheland verlegt. Die Umquartierung erfolgt im Rahmen der erweiterten Kinderlandverschickung.

Die Eltern werden vom Beginn dieser Aktion durch die Schulleitungen und die Dienststellen der NSV. über die näheren Einzelheiten der Umquartierung in Elternversammlungen unterrichtet.

Die Ausstellung der Abreisebescheinigung durch die zuständigen Kartenstellen ist in jedem Falle erforderlich. Hierzu sind sämtliche Lebensmittelkarten sowie die örtlichen Berliner Bezugsausweise mitzubringen.

Mütter, auch solche von Kleinkindern, können die Transporte begleiten, sofern ihre Anwesenheit in Berlin aus beruflichen oder sonstigen Gründen nicht erforderlich ist.

Es ist Vorsorge getroffen, daß diese Mütter in den neuen Schulorten mit ihren Kleinkindern Unterkunft finden. Schüler und Schülerinnen der Berliner Schulen, die sich z. Zt. außerhalb Berlins befinden, dürfen ohne besonderen Urlaubsantrag auch über die Zeit des Schulbeginns in ihrem derzeitigen Aufenthaltsort bleiben.

Über die Fortsetzung des Schulunterrichts nach Schulbeginn erhalten sie durch ihre Schulen weiteren Bescheid. Die Orte, wohin die Klassen verlegt wurden, werden ihnen von der Schule mitgeteilt.

Von den Eltern wird Verständnis für die getroffenen Maßnahmen, die im Interesse ihrer Kinder getroffen werden, erwartet. Ihre Bereitwilligkeit und Einsicht werden dazu beitragen, daß die Verlegung der Schulen reibungslos vonstatten geht und ihre Kinder vor den Folgen des feindlichen Luftterrors bewahrt bleiben.

Der Reichsverteidigungskommissar
für den Reichsverteidigungsbezirk Berlin
Dr. Goebbels
Gauleiter und Reichsminister

Aufruf zur Kinderlandverschickung

Die Massenunterbringung in Lagern war auch eine Vorübung für die spätere militärische Kasernierung, doch wir Kinder haben das nicht durchschaut und als nicht schlimm empfunden.

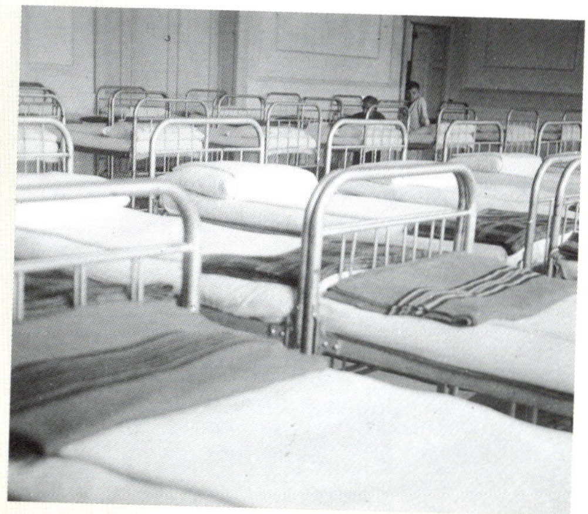

Für manche von uns war es aufregend und abenteuerlich, doch das Heimweh und die oft lieblose Behandlung zehrten an uns.

Vormittags gab es Schulunterricht und nachmittags Gemeinschaftsdienst. Die Zeit im KLV-Lager war wie eine Weichenstellung zum Erwachsenwerden. Tatsächlich wurden wir geführt und behandelt wie junge Rekruten. Es gab Wachdienst, Stubendienst, Morgenappelle und auch abendliche Feierstunden mit pathetischen Texten. Zum Abschluss wurde dann im Feuerschein der Pechfackeln feierlich der Zapfenstreich geblasen. Als wir Jahre später Soldaten wurden, waren uns diese Rituale schon vertraut.

Meine Erinnerungen: Ein guter Deutscher und ein guter Katholik

Rückwirkend betrachtet ist die schizophrene Situation, sowohl ein zackiger Hitlerjunge als auch ein engagierter katholischer Christ zu sein, offenbar verkraftbar. Ich ging zum Dienst des Jungvolkes und zu den Heimabenden des katholischen Bundes Neu Deutschland, als wäre das normal. Und was daran widersprüchlich erschien, ummantelte man damals mit der Gefühlsüberzeugung, ein guter Deutscher und ein guter Katholik zu sein. Im KLV-Lager hatte ich vor mehreren hundert Schülern u. a. Aufsehen erregt, weil ich bei abendlichen Feiern mit vaterländischen Texten, Fanfarenmusik und politischen Ansprachen wie ein Zirkuskind als Feuerspucker auftrat. Im Grunde ein relativ einfaches Spektakel, wenn man ein wenig Mut aufbringt. Zuerst nimmt man den Mund voll Spiritus, natürlich ohne etwas davon zu schlucken. In einer Hand hält man eine Pechfackel und pustet dann den Spiritus mit kräftigen, aber zusammengepressten Lippen durch das Fackelfeuer. Je stärker man den Spiritus, in kleinen Tröpfchen blasend sprüht, desto größer die Attraktion des Feuerscheins. Das Feuerspucken hatte mir ein älterer furchtloser Freund beigebracht, der in seiner Persönlichkeitsstruktur einen Anti-Hitlerjungen repräsentierte. Mit Worten,

Gesten und seinem Verhalten machte er mir klar, dass man kein Hitlerjunge sein muss, um ein guter Deutscher zu sein.

Für einen gläubigen Katholiken, für den der Sonntagsgottesdienst eine selbstverständliche Pflicht war, ergaben sich im Lager der Kinderlandverschickung für den Messe-Besuch Probleme, denn am Sonntagvormittag war stets Dienst zu irgendeiner Feierstunde angesetzt. Ich bestand aber darauf, zur Messe zu gehen, zumal da unweit unseres KLV-Lagers eine katholische Kirche stand. Natürlich wurde von den Vorgesetzten auf mich eingeredet, nicht in eine „feindliche tschechische Kirche" zu gehen. Aber gefestigt durch meine Eltern, älteren Geschwister und den Katholischen Singkreis ließ ich mich nicht davon abbringen, am Sonntagvormittag eine Messe zu besuchen, denn – so argumentierte ich – ich besuche keine tschechische, sondern eine katholische Kirche. Schließlich bekam ich die Erlaubnis, dem Dienst am Sonntagvormittag fernzubleiben.

Um von keiner Seite Heimlichkeiten aufkommen zu lassen, ging ich jedes Mal in meiner Jungvolk-Uniform zur Kirche. Den tschechischen Gemeindemitgliedern mag das verwunderlich vorgekommen sein, aber als Spandauer Ministrant war ich ja während der Messe mit allen zu vollziehenden Ritualen vertraut, so dass ich schließlich nicht mehr feindlichen Blicken ausgesetzt war. Außerdem hatte ich mich beim tschechischen Pfarrer gemeldet und meine Situation offen dargelegt.

Hitlers Vormarsch nach Osten

Europa schien Hitler zu Füßen zu liegen. In der Schule und in der Hitlerjugend feierten wir den Einmarsch deutscher Truppen über das Sudetenland hinaus in die Tschechoslowakei. Im Kino konnten wir die Bilder davon in der Wochenschau sehen. Ich erinnere mich nicht, dass man in meiner familiären, schulischen oder kirchlichen Umgebung Kritik an dieser Unterwerfung geübt hätte. Obwohl mein Vater bewusst nicht in der Partei, mein älterer Bruder nicht in der Hitlerjugend und meine ältere Schwester nicht im BDM waren, wurde der Einmarsch nicht kritisiert. Meine Mutter – inzwischen Mutter von fünf Kindern –

hatte es auch abgelehnt, das Mutterkreuz entgegenzunehmen. „So ein Quatsch", hat sie zu uns gesagt und insofern auf ihre Weise ihre Distanz zum Regime demonstriert.

Mutterkreuz – nein danke!

Sportliche Höhepunkte

Für das Lebensgefühl eines jungen Menschen waren damals auch Sportereignisse wichtig, etwa, dass Max Schmeling in Amerika von Joe Louis im Rückkampf in der ersten Runde K. o. geschlagen wurde. Bei der Übertragung dieses Kampfes in der Nacht saßen wir natürlich vor dem Radio. Aufgeregt verfolgten wir den Boxkampf. Den ersten Fight hatte Schmeling gegen Joe Louis ja gewonnen. Nun waren wir maßlos enttäuscht über Schmelings Niederlage.

Oder dass Schalke 04 im Endspiel um die deutsche Fußballmeisterschaft im Olympiastadion in Berlin nach einem 3:3 gegen Hannover im Wiederholungsspiel schließlich 3:4 verlor, was mir auch deshalb im Gedächtnis geblieben ist, weil mein älterer Bruder als Sportbild-Berichterstatter bei der Berliner Firma Schirner direkt hinter dem Tor Aufnahmen machen durfte. Ich war sein Laufbursche und hatte die Aufgabe, verknipste Filme sofort ans Stadiontor zu bringen, wo sie ein Bote mit dem Motorrad zur Entwicklung ins Verlagslabor brachte. Wenn das Spiel zu Ende war und die Zuschauer aus dem Stadion strömten, kamen ihnen Zeitungsverkäufer mit Sonderausgaben entgegen, in denen bereits Fotos meines Bruders von der ersten Halbzeit abgedruckt waren. Ich war dann stolz, mit meinen Botengängen zu diesem Berliner Tempo beigetragen zu haben.

Boxen gehörte neben Fußball zu den beliebten Sportarten unter Jungen, schon dank unseres Vorbildes Max Schmeling

1941-1945

Eine Jugend **im Krieg**

Der Schulunterricht wurde oft durch Luftangriffe oder Erntehilfeeinsätze unterbrochen

Erntehilfe und Unterricht im Schichtdienst

Der Krieg hatte natürlich auch seine Auswirkungen auf den Schulunterricht. Weil Schulgebäude zerstört waren, wurde in den erhaltenen Häusern Schichtdienst eingerichtet. Es mangelte auch an Lehrkräften, denn mit Kriegsbeginn wurden alle jüngeren Lehrer als Soldaten eingezogen. Dafür wurden bereits pensionierte Lehrer wieder zum Schuldienst reaktiviert und es kam mehr weibliches Lehrpersonal. Der Unterricht fiel immer häufiger aus, wegen Bombenangriffen, Luftschutzübungen, Erntehilfeeinsätzen oder Sammlungen von

Chronik

22. Juni 1941
Deutscher Angriff auf die UdSSR ohne Kriegserklärung.

1. September 1941
Polizeiverordnung zur Kennzeichnung der Juden mit einem gelben Stern mit der Aufschrift „Jude“, sichtbar auf der linken Brustseite zu tragen.

20. Januar 1942
Die Wannsee-Konferenz erörtert die „Endlösung der Judenfrage“. Alle Juden müssen einen Judenstern tragen.

26. November 1942
Der Kriegs- und Liebesfilm „Casablanca“ wird in New York uraufgeführt.

2. Februar 1943
Die 6. Armee kapituliert in Stalingrad.

18. Februar 1943
Goebbels verkündet den „totalen Krieg“.

5./6. Juni 1944
Beginn der alliierten Invasion an der Küste Frankreichs.

20. Juli 1944
Ein Attentat auf Hitler im Führerhauptquartier misslingt.

30. April 1945
Hitler begeht mit Eva Braun Selbstmord im Bunker der Reichskanzlei.

7. Mai 1945
Deutsche Heerführer unterzeichnen die bedingungslose Kapitulation in Reims und in Karlshorst.

5. Juni 1945
Die Oberbefehlshaber der alliierten Streitkräfte verfügen die Aufteilung Deutschlands in vier Besatzungszonen.

6. August 1945
Atombombenabwurf über Hiroshima, drei Tage später auch über Nagasaki.

14. August 1945
Japan erkennt die bedingungslose Kapitulation an.

20. November 1945
In Nürnberg beginnen die Gerichtsverhandlungen gegen 24 als deutsche Hauptkriegsverbrecher Angeklagte.

Auf Bauernhöfen mussten einberufene Bauernsöhne durch unsere Einsätze ersetzt werden

Wildfrüchten. Im letzten Schuljahr in der Mittelschule wurden viele Klassen zur Erntehilfe aufs Land geschickt,

Ohne die geringste Ahnung vor der so genannten „Wannsee-Konferenz“ übten wir auf dem Wannsee mit unseren Segelbooten Wettfahrten

denn auf den Bauernhöfen fehlten vielfach die Männer, die als Soldaten eingezogen worden waren.

Im Herbst 1944 wurden auch die älteren Kameraden aus unserer Klasse, die dem Jahrgang 1926 angehörten, zur Wehrmacht eingezogen. Immer häufiger wohnten wir nun Gedenkfeiern für die gefallenen Lehrer und auch älteren Schüler unserer Schule bei.

Eine Demonstration der vormilitärischen Ausbildung: Gehorsam, Ordnung und blinde Treue gegenüber Führer und Staat waren das Motto

Vaterländische Gesinnung und euphorische Stimmung

Unvergesslich für viele von uns ist der 22. Juni 1941, der Tag, an dem deutsche Truppen die Sowjetunion überfielen, um, wie uns damals eingetrichtert wurde, Lebensraum für das deutsche Volk zu gewinnen und den Kommunismus zu besiegen.

Den Beginn des Krieges gegen die Sowjetunion konnten wir sicher nicht richtig einordnen. Die allgemeine Reaktion war eher zustimmend als ablehnend. Weil uns die Sowjetkommunisten als menschenverachtende Proletarier geschildert wurden, die rücksichtslos alles gleichmacherisch ihrer Ideologie opferten. Aus eigener Erfahrung hatten sich viele von uns noch kein Urteil bilden können. Aber manche ließen sich durch die sieggewohnte Wehrmacht vorgaukeln, einmal Rittergutsbesitzer im Osten zu sein.

Das Blatt wendet sich

Der Zweifrontenkrieg, den Hitler in Erfahrung des Ersten Weltkrieges zu vermeiden versuchte, ist durch die Kriegserklärung an die Sowjetunion aufs Neue Realität geworden. Deutsche Truppen kommen, behindert durch Schnee und Kälte, im Dezember 1941 nur 30 Kilometer vor Moskau völlig erschöpft zum Stehen. Das Blatt wendet sich. Hitler entlässt mehrere Heerführer. In Stalingrad wird im November 1942 die 6. Armee unter General Paulus eingeschlossen und kapituliert im Februar des folgenden Jahres. In einem Aufbäumen gegen die nahende Niederlage verkündet Propagandaminister Goebbels den „totalen Krieg". Am 10. Juli 1943 landen amerikanische und britische Truppen auf Sizilien. Ein Jahr später, im Juni 1944, beginnen die Westalliierten mit der Invasion in der Normandie. Das deutsche Volk, das lange Zeit nur Eroberungen kannte, muss sich an Rückzüge und Niederlagen gewöhnen.

Plötzlich Mitglied der NSDAP

Mich sortierte man vom Erntedienst aus, um eine Schulklasse jüngerer Schüler, die in Thüringen evakuiert war, am Nachmittag bei den Schulaufgaben und in der Freizeit zu betreuen. Der Umgang mit Kindern hat mir so großen Spaß gemacht, dass ich mich anschließend in Berlin um die Aufnahme in die dortige Lehrerbildungsanstalt bemühte. Ich wurde in die Berlin nahe Lehrerbildungsanstalt (LBA) in Brandenburg an der Havel eingewiesen. Die Ausbildung in der LBA war sehr vormilitärisch und sportorientiert.

Eines Tages wurde unsere Klasse der Lehrerbildungsanstalt zu einem Marsch in die Stadt Brandenburg in das Büro der NSDAP befohlen. Uns wurde suggeriert, dass uns eine besondere Ehre zuteilwerde, nämlich die Aufnahme in die

Hauptsache zackig und laut, war die Devise bei den Fanfarenbläsern

Partei Hitlers, was wohl normalerweise nicht mehr möglich war. Nacheinander wurden wir im Zimmer des Kreisleiters an seinen Schreibtisch gerufen, auf dem mit unseren Namen ausgefüllte Aufnahmeanträge in die NSDAP Hitlers vorbereitet waren. Diese Überrumpelungsmethode missfiel mir zwar, aber ich wollte andererseits nicht durch einen Protest auffallen. So entschloss ich mich, unter meine Unterschrift ein „N", also ein synonymes „Nein" zu setzen. Und wenn die Parteiakten in Brandenburg/Havel vom Herbst 1944 noch erhalten sein sollten, müsste mein kleiner, stiller „Protest" noch nachprüfbar sein.

Erste Liebe: Carmen

Natürlich weckten auch Mädchen unsere Neugierde. Unter uns Klassenkameraden wurde gewetteifert, wer welche Schönheit unserer Stadt erobern könnte. Ich hatte es auf ein Mädchen abgesehen, das ich eine Zeit lang auf der Heimfahrt in der Straßenbahn beobachtet hatte. Ich saß am Ende des ersten Wagens auf dem Fahrersitz und sie vorn im angekoppelten zweiten Wagen, ebenfalls auf dem erhöhten Fahrersitz. Sich ständig nur anzulächeln fand ich langweilig und strapaziös. So griff ich zu einer List, um mit ihr in Kontakt zu kommen. Ich holte einen Zeichenblock aus meiner Schultasche und fing an, sie aus der Entfernung zu porträtieren. Besser gesagt, ich tat so, denn Zeichnen gehörte nicht zu meinen Begabungen. Tatsächlich begann sie, mich zu beobachten. Und als ich sie mit Gesten bat, mir seitlich das Profil zu zeigen und sie entsprechend reagierte, hatte ich den Eindruck, eine große Hürde für den erhofften Kontakt überwunden zu haben. Kurze Zeit später stieg sie aus, und

Die Liebste anzurufen war damals weder üblich noch möglich, denn kaum jemand besaß ein Telefon und die zarte Liebe musste schließlich geheim gehalten werden

obwohl ich noch eine weitere Station hätte fahren müssen, stieg ich ebenfalls aus und ging auf sie zu. „Kann ich mal die Zeichnung sehen?", fragte sie mich sogleich, und um mich nicht zu blamieren, log ich mit der Antwort: „Später – jetzt ist die Skizze noch nicht fertig." Ich begleitete sie noch bis zu ihrer Haustür, was genügte, um unsere Namen auszutauschen und uns für den nächsten Tag zu verabreden.

Carmen hieß sie und hatte schwarze Haare. Sie wurde meine erste Freundin, was damals freilich einen liebenswürdigen, aber harmlosen Kontakt bedeutete. Bis zum ersten Kuss hatte es noch Wochen gedauert. Wegen der zunehmenden Luftangriffe auf Berlin wurde Carmen eines Tages nach Sachsen evakuiert und so mussten wir unsere Gefühle in Briefen ausdrücken. Später haben wir uns aus den Augen verloren.

Erste zarte gegenseitige Empfindungen suchen in den Blicken einen Halt

Besuch der Tanzschule

Eine Gelegenheit, sich dem anderen Geschlecht zu nähern und ein wichtiger Schritt zum Erwachsenwerden war oft der Besuch der Tanzschule im Alter von ca. 15 bis 16 Jahren. Zwar befanden wir uns mitten im Krieg, und so manche Tanzstunde musste in improvisierten Räumen stattfinden, aber darauf verzichten wollte man nicht. Auch wenn gerade die Jungen nicht immer größte Eleganz, Geschick und Benimm an den Tag legten. Aber auch das wollte ja gelernt sein. Die Kurse waren so zusammengestellt, dass immer eine Mädchenklasse mit einer Jungenklasse – die Schulbänke teilten wir ja nicht – zusammenkam, die Mädchen in der Regel ein Jahr jünger als die Buben. Und so lernte man Walzer, Foxtrott und Tango ebenso wie Benimmregeln und Höflichkeitsrituale. Aufregend war die Wahl der Tanzstundendame. Nicht jedem gelang es, die zuvor Ausgeguckte auch zum Tanz aufzufordern. Doch so manch eine spätere

Liebe fand hier schon ihren Anfang. Der Abschlussball war ein gesellschaftlicher Höhepunkt. Die Jungen wurden in dunkle Anzüge gesteckt mit einer Blume am Revers, die Mädchen regelrecht ausstaffiert mit langen wallenden Kleidern. Dafür musste sich so manch eine Familie mächtig ins Zeug legen, um in diesen Zeiten der Not ein ordentliches Kostüm zu organisieren. Natürlich wurde vieles selbst genäht oder Altes umgearbeitet.

Private Tanzvergnügen gab es hingegen seltener. Da wir aber ein Grammophon besaßen und auch schöne Schelllackplatten und entsprechende Räumlichkeiten zu Hause hatten, konnten wir die Freunde zum Tanzen einladen. Mir persönlich brachte meine Schwester das Tanzen bei.

„Ehe zu dritt"

Martin Bormann, der Sekretär Hitlers, sorgt sich angesichts der zunehmenden Kriegsopfer um den Fortbestand der deutschen Nation und propagiert im Jahr 1944 die „Ehe zu dritt", um die von ihm geforderte „verstärkte Fortpflanzung" der „physisch und psychisch gesunden Männer" nicht am kriegsbedingten Männermangel scheitern zu lassen. Diese Idee passt zu dem bereits 1935 gegründeten „Lebensborn e.V." zur Vermehrung der „arischen Rasse" auch außerhalb ehelicher Bindungen. In insgesamt rund 20 Heimen des Lebensborns sind im Sinne der Sicherung des „erbbiologisch wertvollen" Nachwuchses vor allem von unverheirateten Frauen rund 8000 Kinder zur Welt gebracht worden.

Vergnügung und Propaganda im Kino

Das Kino übte von jeher einen Reiz auf uns aus, schließlich gab es noch keinen Fernseher und das Kino bot uns eine seltene Ablenkung vom Kriegsgeschehen. Als wir in das Alter kamen, alleine ins Kino gehen zu dürfen, lag zwar so mancher Kinosaal bereits in Schutt und Asche oder war notdürftig wieder aufgebaut, doch das trübte unser Kinovergnügen kaum. Uns war es auch egal, welcher Film gezeigt wurde, ob Liebesfilme wie „Die große Liebe" mit Zarah Leander, Revuefilme mit Marika Rökk oder Filme über den Ersten Weltkrieg

In dem Kinofilm „Die große Liebe“ schmachteten wir mit Zarah Leander und Viktor Staal

ebenso wie „Die Feuerzangenbowle“ und „Quax der Bruchpilot“ mit Heinz Rühmann – uns war jede Ablenkung willkommen. Im Vorprogramm gab es immer die Wochenschauen, in denen wir Kriegs- und Propagandaberichte zu hören und zu sehen bekamen und so genannte Kulturfilme, z. B. über die Rassenlehre, die Nationalsozialisten oder das Militär.

Nationalsozialistische Propagandafilme wie Leni Riefenstahls NS-Dokumentationen, „Jud Süß“ und „Hitlerjunge Quex“ waren quasi Pflichtprogramm und wurden uns in der Hitlerjugend vorgeführt.

Die Besucherzahlen in den Lichtspielhäusern stiegen trotz des fortschreitenden Krieges stetig an, denn alle brauchten das Kino: wir zur Unterhaltung, und die Nazis, um ihre Durchhaltefilme und ihre Propagandaberichte zu zeigen.

Beten und Singen

An keiner Familie meiner Klassenkameraden oder Freunde in der HJ oder unserem katholischen Singkreis war der Krieg spurlos vorübergegangen. Am Morgen nach einer Bombennacht tauschte man sich aus, wie man den

Immer häufiger kamen Feldpostbriefe mit dem Vermerk „gefallen“ oder „seinen Verwundungen erlegen“ zurück

Die Familie traf im Krieg immer seltener zusammen

Luftangriff überstanden oder was sich ereignet hatte. „Hast du gehört, in der Familie X ist der älteste Sohn gefallen und jetzt soll der zweite Sohn eingezogen werden", oder „bei uns um die Ecke ist eine Brandbombe niedergegangen und der Dachstuhl ausgebrannt". Der Krieg und seine Auswirkungen auf die Zivilbevölkerung gehörten zur täglichen Sorge. Dennoch gab es – vielleicht gerade wegen der Kümmernisse und Nöte – das Bedürfnis nach Entspannung, nach zeitlichen Inseln der Freude, nach Zusammenhalt in einer Gemeinschaft. Bei mir bot der katholische Singkreis, inzwischen überwiegend mit Mädchen besetzt, diese Möglichkeit einer behüteten Heimstatt.

Wir Geschwister musizierten gemeinsam

Luftschutzdienst an der „Heimatfront"

Unser Jahrgang 1927 war der erste Flakhelferjahrgang (Flak = Flieger-Abwehr-Kanone). Die Soldaten wurden an der Front benötigt, so dass unsere Jahrgänge an der Heimatfront Dienst tun mussten. Morgens hatten wir Schule, die Lehrer kamen dann zu uns in die Stellungen, nachmittags war Ausbildung an der Flak, nachts oft Bereitschaftsdienst. Wir wohnten in Baracken mit Stuben für 20 Mann.

Auch die Ausbildungseinheiten der Lehrerbildungsanstalt trugen Uniform …

Der Begriff der Heimatfront entstand durch die verschärften Bombardements, nicht nur auf Munitionsfabriken und Industrieanlagen, sondern auch auf die Innenstädte. Die britische Luftflotte beabsichtigte, die deutsche Zivilbevölkerung dadurch zu demoralisieren, aber diese Kalkulation ging nicht auf. Für die Gefühlslage der Deutschen war vielleicht bezeichnend, dass Propagandaminister Goebbels im Berliner Sportpalast – allerdings vor tausend Parteigenossen der NSDAP – in einer Rede auf die Frage: „Wollt ihr den totalen Krieg?“, ein trotzig-fanatisches „JAAA JAAA“-Schreien als Antwort bekam.

Ich konnte in dieser Zeit als Schüler Geld verdienen, wenn ich in einer Spandauer Waldschule Nachtwache hielt. Die Aufgabe bestand darin, sobald eine Brandbombe die Schule treffen sollte, sofort die Feuerwehr zu alarmieren, um größeren Schaden zu verhüten. Im Rektorenzimmer war für mich ein Feldbett aufgeschlagen. Für jede Nachtwache erhielt ich fünf Reichsmark.

Im Schrank des Rektors stand eine große Flasche mit Vitamin-C-Tabletten, die täglich an die Schüler ausgegeben wurden, um die kriegsbedingte einseitige Ernährung auszugleichen.

… und die Hakenkreuzbinde gehörte dazu

Alliierte in der Normandie und in Italien

Anfang Juni 1944 landen britische und amerikanische Truppen an der französischen Küste. Sie werden von annähernd 7000 Schiffen und 15 000 Bombern und Jagdflugzeugen unterstützt. Die deutschen Verteidiger wehren sich heftig und fügen den Invasionstruppen starke Verluste zu. Letztlich setzen sich die Alliierten durch und haben Mitte Juni über 600 000 Soldaten und etwa 100 000 Fahrzeuge auf dem europäischen Festland stationiert. Auch in Italien sind alliierte Truppen erfolgreich gelandet und drängen die deutschen Besatzer zurück.

Einberufung zum Arbeitsdienst

Im Jahr 1944 wurden wir vom Jahrgang 1927 zum Reichsarbeitsdienst (RAD) einberufen, einer Vorbereitungszeit für den Wehrdienst. Seit 1935 hatten alle Männer zwischen 18 und 25 Jahren eine sechsmonatige Dienstpflicht im RAD. Mit Kriegsbeginn wurde die Dienstpflicht auch auf die weibliche Bevölkerung ausgedehnt. Bald darauf waren ca. 100 000 „Arbeitsmaiden“ im RAD-Einsatz. Der Arbeitsdienst bestand für die jungen Männer aus Bau- und Instandset-

Dem Weitsichtigen wird klar, dass diese Marschkolonne in Kürze in Militäruniform und mit Waffen marschieren wird

Mit Trommeln und Fanfaren versuchten wir die Bevölkerung positiv zu beeinflussen

zungsarbeiten und militärischen Baumaßnahmen, für die jungen Frauen aus karitativen Aufgaben, Unterstützung in fremden Haushalten und Einsätzen in der Landwirtschaft.

Ich machte allerdings in Havelberg nur für eine Stunde Dienst. Dann holte mich der Lagerkommandant aus der Übungseinheit heraus und ernannte mich zu seinem Burschen; d. h. ich musste seine Schuhe putzen, den Kohlenofen beheizen und die Ereignisse des Tages protokollieren. „Wenn du Lehrer werden willst, musst du doch mit dem Griffel umgehen können“, war seine Begründung, weshalb er mich ausgewählt hatte. Drei Tage später wurde er zu einer Einberufungskommission nach Charlottenburg versetzt. Er nahm mich als Burschen mit, was zur Folge hatte, dass ich mehr zu Hause war als im Dienst, der nach einigen Tagen durch Versetzung des Chefs ebenfalls ein Ende fand. Ich hatte den Eindruck, ein Engel beschützte mich.

Wir sind „kriegsverwendungsfähig“

Nach einem Erlass Hitlers vom 25. September 1944 konnten alle 16- bis 60-Jährigen, die nicht der Wehrmacht angehörten, bei der Landesverteidigung eingesetzt werden. Das letzte Aufgebot bestand aus Kindern, Greisen und Kranken, womit nochmals eine Million Deutsche erfasst wurden.

In der Regel entging keiner unseres Jahrgangs dem Kriegsdienst. Im Jahr 1945, in dem der Krieg zu Ende ging, wurden wir 18 und damit „kriegsverwendungsfähig“. Dass bei objektiver Betrachtung der Krieg verloren war, wollten viele von uns nicht wahrhaben. Vielmehr hofften und glaubten wir an das Märchen von der Wunderwaffe, und die „V2“ erschien uns als ein Vorläufer dieser Wunderwaffe, und dass unser Kriegseinsatz entscheidend sein könnte.

Als Freiwilliger der Luftwaffe kam ich noch im Januar 1945 zu einem Segelflieger-Endausbildungslager nach Schlesien. Nach drei Wochen wurde ich mit

Die Hitlerjugend ließ sich vormilitärisch ausbilden, dazu gehörte das Übernachten im Freien

dem Pilotenzeugnis in der Erwartung auf die baldige Einberufung zur Wehrmacht nach Hause geschickt, aber der Einberufungsbefehl kam nicht. Damals hieß es, die Einberufungsbehörde sei durch Bomben zerstört worden. So saß ich untätig zu Hause, meine Schule war geschlossen und die russische Armee kam Berlin immer näher. Ich meldete mich im Büro des HJ-Banns und schilderte meine Situation. „Das trifft sich gut", meinte die Mitarbeiterin des Bannführers, „denn auf Befehl des Reichsjugendführers Arthur Axmann wird gerade im Reichssportfeld ein Hitlerjugend-Regiment aufgestellt. Dort berufen wir dich ein."

So wurde ich als so genannter „Kriegseinsatzführer" ins Reichssportfeld in eine Hitlerjugend-Einheit eingezogen und dort von Wehrmachtsoffizieren und Unteroffizieren an der Panzerfaust ausgebildet. Die Rote Armee marschierte bereits auf die Oder zu und wir sollten unsere Berliner Heimat vor den heranrückenden sowjetkommunistischen Truppen verteidigen.

Wir strebten dem sportlichen Ideal nach, unwissend, dass dies von den Nazis propagandistisch missbraucht wurde

An den Dienst im Reichssportfeld erinnert mich noch eine andere Szene, die für die Schlussphase des Krieges bezeichnend war. Eines Morgens wurde unsere Einheit in die Murellenschlucht hinter dem Reichssportfeld geführt, um einer Erschießung von sechs Soldaten, darunter drei in unserem Alter, beizuwohnen. Ein Offizier verlas den Erschießungsbefehl, wegen „unerlaubter Entfernung von der Truppe“. Den Schock, der uns beim Zusammensacken der Männer erfasste, empfinde ich heute noch, wenn ich daran zurückdenke. Die Absicht, die unsere Führer mit dieser Pflichtzeugenschaft verbanden, war klar: Auch wenn bei dem einen oder anderen der Glaube an eine kriegswendende „Wunderwaffe“ verloren gegangen sein solle, möge keiner auf die Idee kommen, wegzulaufen.

Mörderischer Luftangriff auf Dresden

Obwohl die deutschen Truppen an allen Fronten in Europa auf dem Rückzug sind und der Krieg absehbar entschieden ist, bombardieren alliierte Flugzeuge in der Nacht vom 13. auf den 14. Februar 1945 das mit Tausenden von schlesischen Flüchtlingen überfüllte Dresden erbarmungslos. Dem britischen Nachtangriff auf die ungeschützte Stadt, die über keinerlei Luftabwehr verfügte, folgt am Tag die Flächenbombardierung durch amerikanische Bomber. Am 15. Februar muss das bereits vollständig zerstörte Dresden einen weiteren Angriff der US-Luftwaffe überstehen. Weit über 35 000 Zivilisten verlieren ihr Leben und die Altstadt ist vollkommen zerstört.

„Reines Kanonenfutter“

Zwei Einberufungsbefehle für mich zum Wehrdienst nach Brandenburg/Havel schickte der Chef unserer Hitlerjugend-Einheit mit dem Bemerken zurück, dass ich bereits militärisch erfasst sei und an Waffen ausgebildet werde. Mir behagte diese Situation allerdings nicht, denn ich wollte Berlin doch „nicht erst in Berlin verteidigen“, war mein damaliges Verlangen, was heutzutage freilich merkwürdig anmutet. Tatsächlich setzte ich durch, dass ich dem dritten Einberufungsbefehl zur Wehrmacht schließlich folgen durfte. Der Ort, zu dem

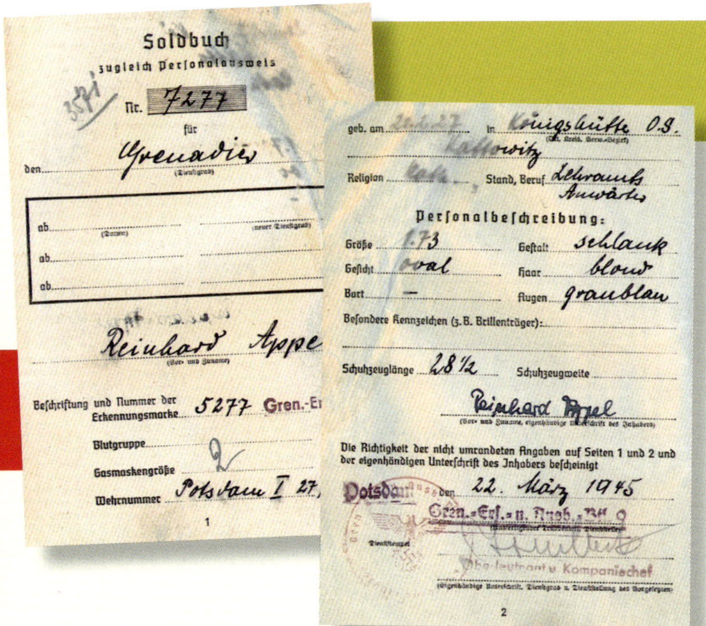
Soldbuch
zugleich Personalausweis
Nr. 7277
für
den Grenadier
(Dienstgrad)
ab ... (Datum) ... (neuer Dienstgrad)
ab
ab
Reinhard Appel
(Vor- und Zuname)
Beschriftung und Nummer der Erkennungsmarke 5277 Gren.-E
Blutgruppe
Gasmaskengröße 2
Wehrnummer Potsdam I 27,
1

geb. am ... in Königshütte O.S.
Kattowitz
Religion kath. Stand, Beruf Lehramts Anwärter
Personalbeschreibung:
Größe 1.73 Gestalt schlank
Gesicht oval Haar blond
Bart — Augen graublau
Besondere Kennzeichen (z.B. Brillenträger):
Schuhzeuglänge 28 ½ Schuhzeugweite
Reinhard Appel
(Vor- und Zuname, eigenhändige Unterschrift des Inhabers)
Die Richtigkeit der nicht umrandeten Angaben auf Seiten 1 und 2 und der eigenhändigen Unterschrift des Inhabers bescheinigt
Potsdam, den 22. März 1945
Gren.-Ers.- u. Ausb.-Btl. 9
Oberleutnant u. Kompaniechef
2

Soldbuch vom März 1945: Noch kurz vor Kriegsende wurden wir einberufen

ich einberufen wurde, war eine Kaserne in Brandenburg/Havel. Als ich dort ankam, war die Kaserne leer und die Soldaten waren offenbar alle an die Front abgezogen worden. An der Pforte saß ein älterer Wachmann in Zivil, der sagte dem Sinne nach: „Junge, fahr wieder nach Hause oder melde dich in Potsdam in der Kaserne des früheren Infanterie-Regiments 9." So fuhr ich nach Potsdam, meldete mich in der Kaserne und harrte der Dinge, die nun auf mich zukommen würden. Aber absurderweise passierte nichts. Zusammen mit Männern sehr unterschiedlichen Alters und aus den verschiedensten Berufen hingen wir etwa eine Woche in der Kaserne herum, ohne beschäftigt oder ausgebildet zu werden.

Eines Nachts kam dann plötzlich der Befehl zur militärischen Einkleidung und zum Waffenfassen. Unsere Kompanie war weder auch nur eine Stunde gemeinsam marschiert noch an irgendeiner Waffe ausgebildet worden. Dennoch muss irgendein Chaot den Befehl gegeben haben, uns an die Front zu transportieren. Am nächsten Vormittag – es ist irrwitzig, aber wahr – marschierten wir, mit einer noch existierenden Militärkapelle vorweg, zum Potsdamer Bahnhof.

Mit ständigen Verzögerungen kamen wir nachts nach Fürstenwalde, wo wir aus der Ferne bereits den Geschützdonner der Front hörten. Unser Kompaniechef hatte dann dem leitenden Offizier an diesem Frontabschnitt offenbar ungeschminkt dargelegt, mit welcher Truppe er rechnen könne. Manche hatten noch nie einen Karabiner in der Hand. Wir wären reines „Kanonenfutter" gewesen. Das lehnte der Kommandeur an der Front vernünftigerweise ab, und so fuhren wir wieder zurück nach Potsdam. Wenige Tage später kam es dann tatsächlich für einige Stunden zu einem Übungsschießen mit scharfer Munition. Dann fiel einem Offizier offenbar auf, dass wir noch nicht vereidigt waren. Bei der Vereidigung musste aber ein Soldat das Telefon hüten und die Akten bewachen. Die Wahl fiel auf mich, weil ich doch als Lehramtsanwärter – so war die offizielle Bezeichnung in meinem Abschlusszeugnis – mit Schriftkram umgehen könne. Ich bin also – zufällig – niemals auf Hitlers Wehrmacht vereidigt worden, weil ich befehlsgemäß auf der Schreibstube saß.

Aus dem Erdloch in die russische Gefangenschaft

Noch vor dem verheerenden Luftangriff auf Potsdam am 14. April 1945 wurde unsere Einheit in die Nähe des Oder-Spree-Kanals kommandiert. Stundenlang mussten wir Schützengräben ausheben, denn die Front rückte näher.

Im Morgengrauen des 22. April 1945 – ich glaube, es war ein Sonntag – lösten wir im vordersten Schützengraben der Oderfront eine SS-Einheit ab, die sich mit einem mitleidigen Lächeln verabschiedete. Ich wurde mit meiner Waffe nachts in ein Erdloch befohlen und harrte der Dinge, die auf mich zukommen würden. Sobald die Sonne ihre ersten Strahlen auf die Erde schickte, deckten uns die gegenüberliegenden Sowjets mit unaufhörlichem Granatfeuer aus ihren „Stalinorgeln" ein. Den Kopf hinauszustrecken, um sich zu orientieren, hätte wohl den sicheren Tod bedeutet. So saß ich ziemlich regungslos in meinem Erdloch, bis von hinten per Megaphon der Befehl kam, wir sollten uns zurückziehen. Glücklicherweise gelang das mit Feuerschutz, ohne dass ich von den uns gegenüberliegenden sowjetischen Scharfschützen getroffen wurde. In einem Hohlweg lag ein verwundeter Kamerad, den wir natürlich nicht zurücklassen konnten.

Um in den rettenden Bunker zu gelangen, in den wir uns zurückziehen sollten, musste man über eine erhöhte Straße, die von den Sowjets einsehbar war. Schließlich gelangte ich in schnellem Lauf und mit einem Sprung über die Straße in den schützenden Erdbunker, in dem schon etwa 50 Soldaten Zuflucht gefunden hatten, darunter ein hoch dekorierter Feldwebel, der sofort das Kommando an sich riss. Wenige Minuten später sahen wir durch einen Schlitz des Bunkers russische Soldaten direkt auf uns zukommen. Es war für mich ein lebensentscheidender Augenblick des Krieges.

Zwar hatte ich in Berlin schon viele Bombennächte miterlebt, in denen auch unser Haus hätte getroffen werden und ich hätte umkommen können, aber dem Gegner direkt gegenüberzustehen und gegebenenfalls Mann gegen

In russischer Gefangenschaft zeichnete ein Mitgefangener diese Bleistiftskizze

Mann zu kämpfen, das jagte mir doch einen gewaltigen Schrecken in die Glieder. Wie sollte ich handeln? Wie reagierten die Kameraden? In einer Art pawlowschem Reflex griff ich zu meiner Handgranate und wollte sie aus dem Bunker tretend dem Feind entgegenschleudern. Ich wollte wohl den Helden spielen, wie wir es als junge Menschen in Liedern oft besungen hatten. Doch jener kriegserfahrene Spieß riss mir die Granate aus der Hand und brüllte mich an: „Bist du wahnsinnig geworden? Die Russen sind in der Überlegenheit und würden uns gnadenlos zusammenschießen!“ Er holte sein Taschentuch heraus, pflanzte das Bajonett auf sein Gewehr und hielt das weiße Tuch aus dem Bunkerschlitz als Zeichen dafür, dass wir uns ergaben. Das war also das Kriegsende. So hatte ich es mir nicht vorgestellt. Das nationalsozialistische Liederpathos kontrastierte krass mit der Kriegswirklichkeit. Wir empfanden unsere Situation demütigend und ohnmächtig zugleich. Mit erhobenen Händen verließen wir einzeln den Bunker.

Die Waffen hatten wir vorher abgelegt. Mit dem Ruf: „Woyna kapuut – Woyna kapuut!“ traten uns die Sowjetsoldaten entgegen, durchsuchten uns nach Waffen, aber der zweite Griff ging an das linke Handgelenk mit der Frage: „Uri, Uri?“

In Marschkolonnen, die immer länger wurden, marschierten wir mehrere Stunden, spärlich bewacht von den Russen, in Richtung Osten. In einem ehemaligen Reichsarbeitsdienst-Lager wurde das Gefangenenlager eingerichtet, in dem Ende April 1945 etwa 25 000 deutsche Soldaten zusammengepfercht waren.

Als erste Maßnahme wurden uns die Haare abrasiert, und anschließend mussten wir eine Entlausungsstation durchlaufen. Zur Unterstützung der russischen Lagerpolizei hatte die Lagerleitung ehemalige deutsche Soldaten ausgewählt, die erklärt hatten, sie seien Polen und wären von den Deutschen gezwungen worden, Wehrmachtssoldaten zu werden. Zum Zeichen ihrer Distanz zu uns hatten sie am linken Ärmel ein rot-weißes Stoffzeichen aufgenäht, aber ihr Überlegenheitsgehabe währte nicht lange. Weil einige von ihnen einen Ausbruchsversuch aus dem Lager gewagt hatten und wieder eingefangen wurden, haben die russischen Bewacher sie als Hilfspolizisten mit bevorzugter Verpflegung allesamt abgesetzt und brutal zusammengeschlagen. Ich hatte den Eindruck, dass das alte polnisch-russische Hassverhältnis aus der Geschichte die Wut der russischen Lagerpolizei mitbestimmte.

Viele überleben die Kriegsgefangenschaft nicht

Von Mitte Mai bis Mitte Juli rollten zahlreiche Gefangenentransporte nach Russland. Ab Juli 1945 kamen keine Transporte mehr und die Lager wurden allmählich aufgelöst.

Kurz zuvor war ich, völlig abgemagert auf 95 Pfund, mit Hungertyphus in das Lager-Lazarett eingeliefert worden, und als dieses ebenfalls aufgelöst wurde, schickte mich eine Ärztin der Roten Armee mit einer Transportbescheinigung nicht nach Russland, sondern zusammen mit anderen Verwundeten auf einem Lastwagen in die Freiheit nach Frankfurt/Oder. Ich kam dort in ein Siechenkrankenhaus, wo jeden Tag mehrere Soldaten elendig starben. Mich hielt der

Ein Freund schrieb mir als „Prisoner of War“ aus britischer Gefangenschaft einen Brief als Lebenszeichen

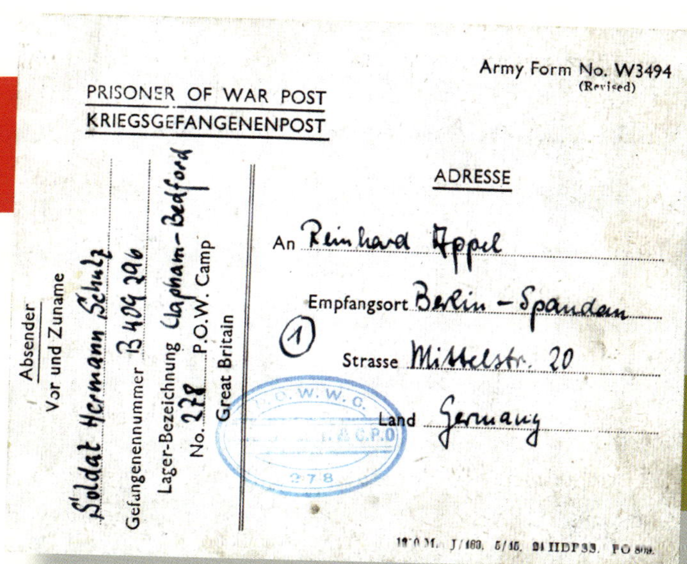

Army Form No. W3494
(Revised)

PRISONER OF WAR POST
KRIEGSGEFANGENENPOST

Absender
Vor und Zuname Soldat Hermann Schulz
Gefangenennummer B 409 296
Lager-Bezeichnung Clapham-Bedford
No. 278 P.O.W. Camp
Great Britain

ADRESSE

An Reinhard Appel
Empfangsort Berlin-Spandau
(1) Strasse Mittelstr. 20
Land Germany

Gedanke aufrecht, dass meine Eltern im selben Jahr ihre Silberhochzeit feiern konnten und tatsächlich gelang es mir, an diesem Tag wieder zu Hause zu sein. Doch nur wenige hatten solch großes Glück wie ich.

Nach Kriegsende befanden sich noch über zehn Millionen deutsche Soldaten in den Kriegsgefangenenlagern der Alliierten. Die meisten waren im Jahr darauf wieder frei. Viel hing jedoch davon ab, wo Soldaten in Gefangenschaft waren.

Insgesamt kamen 3,3 Millionen deutsche Soldaten in sowjetische Gefangenschaft. Hunderttausende starben dort an Hunger, Kälte und Erschöpfung durch die Zwangsarbeit. Teilweise erst Jahre später kehrten nur knapp zwei Millionen deutsche Gefangene aus der Sowjetunion nach Deutschland zurück, die letzten von ihnen im Januar 1956. Auch die Zahl der in anglo-amerikanische Kriegsgefangenschaft geratenen deutschen Soldaten stieg bei Kriegsende von einer Million auf 7,5 Millionen an.

Während es den deutschen „Prisoners of War" in westeuropäischen und nordamerikanischen Gefangenenlagern bislang noch vergleichsweise gut gegangen war – sie waren mit dem Notwendigsten an Lebensmitteln und Medikamenten versorgt – führte nun auch die Masse der deutschen Kapitulationsgefangenen zu gravierenden Versorgungsengpässen. Tausende von deutschen Kriegsgefangenen starben an Hunger und Erschöpfung.

Hoffnung auf eine friedliche Zukunft

Viele atmeten auf, als erst der Tod Hitlers und schließlich die Kapitulation des Reichs verkündet wurden. Doch Deutschland schien dem Untergang geweiht, es hatte das Recht verloren, sich selbst zu regieren.

Die weißen Fahnen als Zeichen der Kapitulation

Flüchtlingstreck bei Kriegsende am Brandenburger Tor: zwar mit dem Leben davongekommen, aber die Zukunft erscheint düster

Wir waren 18 Jahre alt und trotz unserer vom Nationalsozialismus indoktrinierten und von Kriegserlebnissen geprägten Jugend voller Hoffnung, dass wir den Wiederaufbau Deutschlands bewältigen würden. Es war die Stunde null, wir standen vor dem Nichts und uns blieb nur die Hoffnung auf die Gnade der Sieger. Es folgten für uns noch harte und entbehrungsreiche Jahre. Doch der Wille zum Wiederaufbau war groß. Mit vereinten Kräften und auch mit Hilfe der Alliierten begannen wir unser Land wieder aufzubauen und versuchten wieder ein normales Leben zu führen. Wir hörten im Radio nicht mehr den Reichsfunk mit seinen politischen Hetztiraden, sondern lauschten begeistert dem Jazz und Swing auf dem Sender der amerikanischen Streitkräfte. Wir gingen wieder ins Kino, ins Theater oder ins Konzert. Manch einer drückte noch einmal die Schulbank, um alles Versäumte nachzuholen.

Manch anderer sah sich gleich nach einem Beruf um. Und so begann unser Leben, sich nach und nach wieder zu normalisieren. Doch die Erinnerung an diesen schrecklichen Krieg, der uns unsere Jugend und unsere Freiheit geraubt hat, wird nie erlöschen.

Der hoffnungsvolle Blick des Autors verrät: Ich bin überzeugt, es geht weiter. Wagen wir den Neuanfang!

Für alle ab 18

Unsere Jahrgangsbände gibt es für alle Jahrgänge ab 1921 bis zum aktuellen 18. Geburtstag, auch als DDR-Ausgabe.

Hol dir das Gefühl zurück!

Verschenken Sie eine multimediale Zeitreise in die Kindheit und Jugend!

Wartberg-Verlag GmbH
Im Wiesental 1
34281 Gudensberg-Gleichen
Telefon: (0 56 03) 93 05 - 0
Telefax: (0 56 03) 93 05 - 28
E-Mail: info@wartberg-verlag.de
www.wartberg-verlag.de

Alle verfügbaren Bände finden Sie unter

www.wartberg-verlag.de